フェルドマン式
知的生産術
国境、業界を越えて働く人に

ロバート・アラン
フェルドマン著

ROBERT ALAN FELDMAN

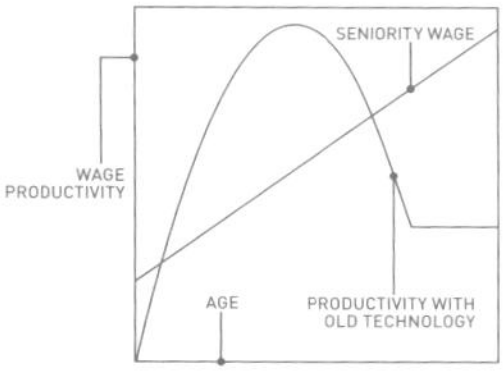

プレジデント社

フェルドマン式　知的生産術

ロバート・アラン・フェルドマン

増補版◉まえがき

これからは「7つ道具+1」の時代

私は二〇〇八年に本書の原版である『一流アナリストの「7つ道具」』を出しました。幸いなことに、役に立った、面白かったというメッセージを多くいただいています。とくに嬉しかったのは、大学生が興味をもって読んでくださったことです。

さまざまな読者の反応を聞くなかで、三つの「悟り」がありました。

一つは、アナリストに必要なスキルは、あらゆる仕事に応用がきくということです。それこそ、民間でも公的部門でも個人生活においても使えるスキルであるということを改めて感じました。タイトルの「アナリストの7つ道具」ではなく「働くすべての人のための7つ道具」と言い換えてもよいくらいです。

もう一つの悟りは、アナリストのスキルは年齢に関係なく使えるということです。もともとこの本を出したときは若い方に読んでもらおうと思って書いたのですが、四〇代の人や、ときには七〇代の人でさえ、「この本は面白いですね」と言ってくださったのです。これは嬉しい驚きでした。

三番目の悟りは、「7つのスキルは掛け算で使いなさい」と書いたのですが、単純に掛け算するだけではだめだということです。それを書くべきでした。たとえばある場面では分析力×言語力、また別の場面ではプレゼン力×数字力というように、問題に合わせて「戦略的に」スキルを結合することが大事なのです。これはもとの本には書ききれなかったメッセージです。ですからこの増補版では、「7つ道具」のそれぞれに関して、ケーススタディを大幅に増やし、「結合力」について新たに章を設けました。

なぜ結合力が必要なのか。一つには、世の中が非常に複雑化しているということがあります。それは、インプットをすれば期待どおりのアウトプットが出る「方程式」が使えなくなったことを意味します。そうなると、情報や技術を自分なりに組み合わせて、新しいものをつくっていく力が求められます。

たとえば、iPodやiPadは、スティーブ・ジョブズが「いまある技術をこんなふうに組み合わせたら、こんな素敵なことができる」と考えて、出来上がったものです。任天堂のWiiもそうですね。組み合わせによって、いままでになかった遊び方を提供することで爆発的に売れました。

結合力は、ジョブズだから、任天堂だから発揮できたわけではありません。先日私は小学生向けに経済学の講演会を行ったのですが、そこで自分がいいと思う商品を考えてきなさいという宿題を出しました。面白いアイデアがたくさん出てきたのでコンテストをしたところ、優勝したのは「カスが出ない消しゴム」でした。じつは「消せるペン」というコンセプトで、似たような商品はすでに存在します。日本はこうやって自由に機能を結合して面白いものをつくる結合力が優れています。

私が愛用しているメガネも日本の結合力のたまものです。老眼鏡はかけたりはずしたりするのが面倒ですが、私のメガネはサングラスのようにレンズの部分が跳ね上がるので、いちいち外す煩わしさがありません。アメリカの友人にこんないい商品があるよと言ったら、欲しいというので、海外で買うにはどうしたらいいかとメーカーに聞いてみました。すると「申し訳ありません。海外には出していないのです」と言われました。理由を聞くと「壊れたら直せないから」という返事でした。自分のつくったものに責任をとるという考え方は日本の美徳でもあるのですが、そこでとどまっていたら商売は拡大しません。修理する販売網をつくればいいのです。この会社は商品を開発するまでは結合力を発揮しましたが、さらに「商売力」を組み合わせれば、もっと売れるようになるでしょう。

増補版では、この「三つの悟り」から、より広く応用していただけるようなケーススタディと解説を盛り込みました。アナリストの使っている道具は、複雑な世の中でシンプルな本質を見抜くために役立ちます。使い方は決して難しいものではありません。読んだらぜひ試してみてください。

フェルドマン式知的生産術◉目次

第3章

意見の違いを乗り越える「人間力」

第4章

下品になってはいけない「数字力」

第5章

見落としがちな「時間・エネルギー管理力」

第6章
「ハブ性」で勝負する「言語力」

第7章
自分ブランドで差別化する「商売力」

序章

アナリストほど掛け算が大事な仕事はない

私はモルガン・スタンレー・MUFG証券で経済調査部長を務め、同時にマネージングディレクター（MD）として管理業務に携っています。

MDの主要な業務の一つは採用です。意外なことに、どんな基準でアナリストを採用しているのか、という質問を社外の人からよく受けます。

慶應義塾大学や東京女子大学などで講義を行っても、経済学の話よりも採用基準の話のほうがずっと受けがいいのです。それほど多くの人がアナリストになりたがっているとは思えませんが、アナリストという、「世の中のことが人より見えていそうな人」が、どんな仕事の仕方をしているのか、興味を持っている人は多いようです。

アナリストは、専門職ではありますが、情報が溢れ、ものすごいスピードで世界が動いているいまの時代、冷静に、客観的にものごとを分析し、人に伝えるアナリスト的なスキルは、どんな仕事にも共通して必要だということでしょう。

そうした考えから、アナリストに必要なスキルとそれを身につける方法について、一冊の本を書くことを思いつきました。

本書では、私が重視しているアナリストの採用基準を「7つのスキル」に分け、それぞれ一章を立てて説明していきます。

そのうえで、これらのスキルを合わせて使うための「結合」についての章を新たに加えました。

第1のスキル＝「分析力」

中身を見抜く力です。バランスシートをどうやって読むのか、マクロの環境をどうやってつかむか。情報から「意味」を引き出す能力です。

第2のスキル＝「プレゼン力」

自分の意見を人に伝え、人から意見を聞き、相手の反応を踏まえた会話をする力です。

第3のスキル＝「人間力」

多様な相手と共に仕事をする能力です。単純な協調性ではなく、チームとして効果的に働くための技術です。

第4のスキル＝「数字力」

数字の意味を正しく理解し、効果的に数字を利用する力です。

第5のスキル＝「エネルギー管理力」

健康管理、時間管理、空間管理を効果的に行う能力です。

第6のスキル＝「言語力」

外国語は一〇年先、二〇年先を考えると一段と重要性が増してきます。とくに英語は、インドや中国の人と話すためにも必要です。

第7のスキル＝「商売力」

顧客のニーズをつかみ、どこにビジネスがあるのかを察知する力です。

第8のスキル＝「結合力」

第1〜第7のスキルを組み合わせて成果を上げる力です。

どれか一つのスキルだけが特に大事ということはありません。アナリストとしての能力は、「7つのスキル」の複合効果で決まってくるのです。一つのスキルが弱くても、他でカバーすればよい、というわけにはいかないのです。

アナリストの能力は「足し算」ではなく「掛け算」で決まります。足し算なら一つがゼロでも他のスキルのレベルが高ければ補うことができますが、掛け算では一つがゼロなら、他がいくら高くても、全体ではゼロになってしまいます。

この違いは、スキルの磨き方にも大きく影響します。

スキルが足し算関係にあるなら得意科目を強化したほうが得策で、掛け算関係なら逆に苦手科目を強化することが得策になります。

こうした掛け算関係はアナリストに限らず、ビジネスのあらゆる局面に存在します。私はかつて六年間ＩＭＦ（国際通貨基金）にいたことがあります。そこでは主に各国の政府相手に仕事をしていました。スリランカで財務官僚のトップにあたる人と話をしたときのことです。彼は私にこう言いました。「明日、あなたが財務大臣と話すときには、大臣でもわかるような話し方をしてください」。

大臣は政治家で、経済の専門家ではありません。難しい数字はわからないから、わかるように話したうえで、説得してください、という意味でした。

経済の知識があっても、英語が話せても、相手を見て効果的に伝えることができるプレゼン力がなければ仕事にならないのです。

もう一つ、「掛け算」のお話をしましょう。

みなさんもよくご存知の「千円札」の人、野口英世は、科学に優れた才能があり、言語能力も高く、二〇歳までにフランス語とドイツ語を独学で覚え、その後に英語もマスターしました。

けれどもお金の使い方は下手で、お酒に弱く、酔うと乱暴を働きました。自制心が足りなかったのです。それで大変な目に遭っています。野口は、苦労してその悪癖を克服しました。それによって世界的な医学者として道が拓けたのです。

どんなに才能があっても、自制心に欠けている人は成功できない。「自制心のなさ」という一点で、他の才能の価値もゼロになってしまうのです。

コラム

スキルは「掛け算」で考える

あなたが必要としているスキルは、XとYの2つであり、Xが得意スキル、Yは苦手スキルであるとしましょう。

スキルを「足し算」で考えると、スキルの総量は左の図のように、直線の長さで表すことができます。Xが長くてYが短いのは、Xのほうが得意であることを表します。「足し算」の場合、スキルの総量を増やそうとした場合、Xを一単位増やしてもYを一単位増やしても、結果は同じです。

次に、スキルを「掛け算」で考えてみましょう。スキルの総量は右の図のように、長方形の面積として表すことができます。この場合、得意なXを一単位増やすよりも、苦手なYを一単位増やしたほうが、スキルの総量が増えることがわかるでしょう。

上のことをまとめると、「足し算」の場合は、XYどちらのスキルを伸ばしても総量の増加分は同じ、「掛け算」の場合はY（苦手なスキル）を伸ばしたほうが総量はより増加する、ということになります。

ただしここでもう一つ考えなければいけない問題があります。

同じ時間を使って勉強をした場合に、Xは何単位増え、Yは何単位増えるか、という効率の問題です。これを「勉強倍率」と呼びます。

勉強倍率は、得意科目ほど高くなります。XとYでいえば、Xのほうが勉強倍率が高いわけです。同じ時間を使って全体の数値を上げるためには、各スキルが足し算関係である限り、自分の強いスキル（＝X）を勉強するのが有利になります。

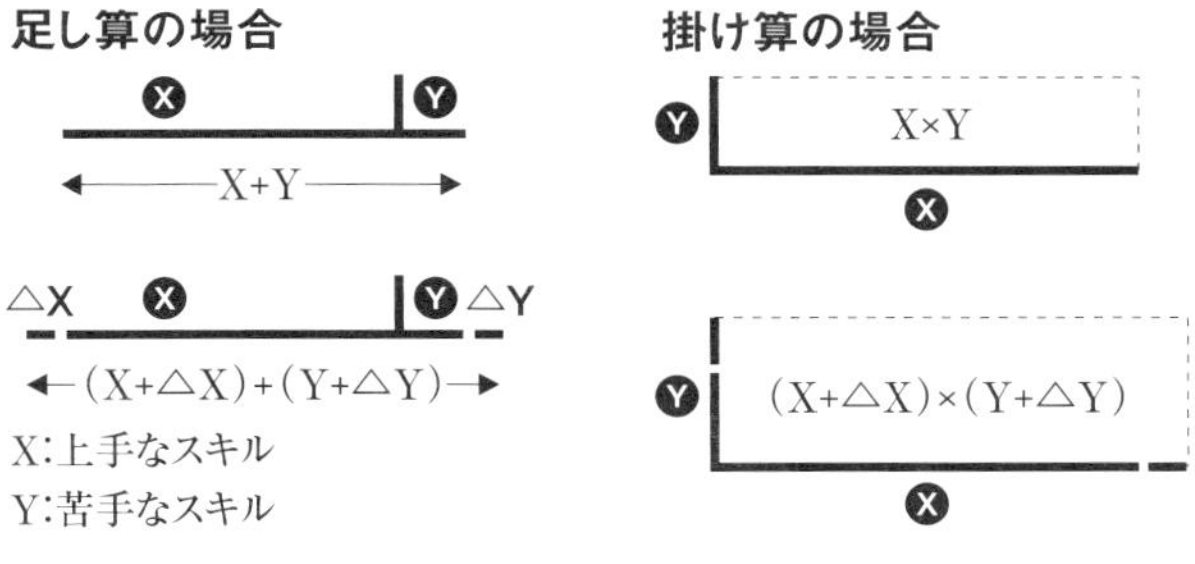

第1章

混沌から意味を引き出す

Analytics

分析力

情報は「量」ではなく「つなぎ方」

私はアナリストという仕事は「混沌としている情報の中から意味を引き出すこと」だと考えています。

日本人に「専門家」とはどういう人ですか、と聞くと、たいていは「特定の分野についての情報（知識）をたくさん持っている人」という答えが返ってきます。これは欧米人の考える「専門家」像とはかなり違います。欧米では「情報と情報をつないで、そこに新たな意味を見いだせる人」が専門家として認められます。

経済学者、社会学者、小説家や心理学者など、情報を扱う方法はそれぞれの専門によってさまざまですが、専門家の能力として共通しているのは「AとBという情報を持っていること」ではなく、「AとBという情報からCという結論が導き出せること」つまり「情報と情報の関係をつくる力」なのです。それが分析力です。

左の図をごらんください。これは「ボール＆スティックモデル」といいます。点々と散らばっているボールがあります。このボールとボールを線で結んで絵

同じ「情報」から異なる絵が描ける

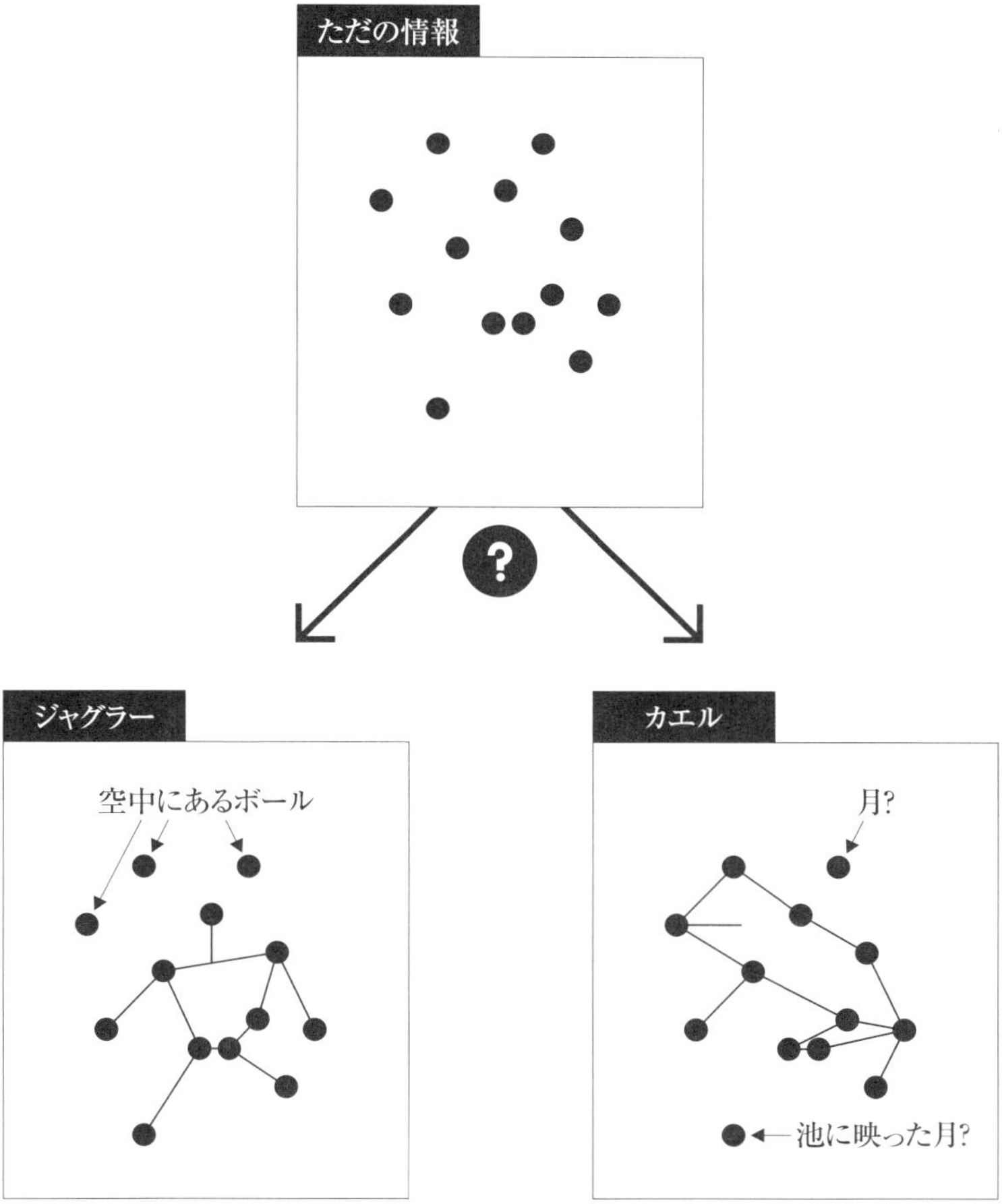

をつくってみましょう。

ここで、一つひとつのボールは「情報」を意味しています。線で結ぶということは、その情報と情報の間に「関係」をつくるということです。同じ配置のボールから、「つなぎ方」によって何種類もの異なる絵ができます。それぞれの絵が、与えられた情報から導き出された「結論」です。

右下の絵と左下の絵で違うのは、線の引き方だけです。つまり関係のつくり方次第で、同じ情報から異なる二つの結論を導き出すことができるのです。

右下はカエルの絵です。

仮に私が「これらの情報から導き出される結論は、『カエル』です」というレポートを持って顧客に説明に行ったとします。すると顧客は「待ってください。じゃあ余った二つのボール（情報）は何ですか？」と言うかもしれませんね。ですから「カエル」という結論を出したときは、余った二つのボール（情報）についても説明できなくてはなりません。私なら、「上のほうのボールは『月』で、下のほうのボールは『池に映った月』です」とでも言うでしょう。

あるいは、顧客は同じ情報から、アナリストとは異なる絵を描いて反論してくるかもしれません。「カエルです」という私に対して顧客が「違います、これは人間ですよ」と主張して、左下にあるような絵を描いてきたとします。すると今度は私が「では、上に余っている三つのボールは何ですか？」と反論することになります。想像力のある顧客なら「この人はジャグラーで、この絵はジャグリングをやっているところです。三つのボールは空中にある球ですよ」といった説得力のある説明を用意しているでしょう。

以上のことは、同じ情報から複数の仮説が生まれることを意味しています。アナリストは「カエル」、顧客が「ジャグラー」という結論に至ったとすれば、二つの仮説のどちらが正しいのか検証が必要になります。

そこで「では、少し時間をかけてボールの位置を確認してみましょう。ボールがジャグリングの球なら、しばらくすれば位置が変わっているはずですね。月であればしばらくはそこに残っているはずです」といったテストを提案するわけです。ボールは月のように動くのか、ジャグリングの球のように動くのか。時間の経過とともにそれを確かめることで、私の絵が正しいのか、顧客の絵が正しいのかがわかります。

インターネットの時代には情報が溢れています。説明を受ける顧客の側もアナリストと同じ情報を持っているのです。いまや、「単なる情報」は売り物になりません。「情報から導き出した絵＝結論」を売らなければいけない時代になっているのです。これはあらゆるビジネスで言えることです。自動車を買いに来たお客さんが、ディーラーよりも豊富な知識を持っていても何の不思議もありません。どんな仕事においても、情報力よりも仮説力や分析力で戦わなくてはならない時代なのです。

文化の違いで「別の絵」が見える

同じ情報からどのような結論が導き出されるかは、ロジックだけでは説明できません。情報分析には個性や文化的背景も影響を与えるからです。どんな人も自分が生きている社会や集団の文化に無意識に染まっていますから、そうしたものから受ける影響を排除することは、難しいものです。

ちょっとテストをしてみましょうか。左ページの絵を見てください。牛、鶏、草が描かれています。牛と何かを一つのグループとして括る場合、その相手は草でし

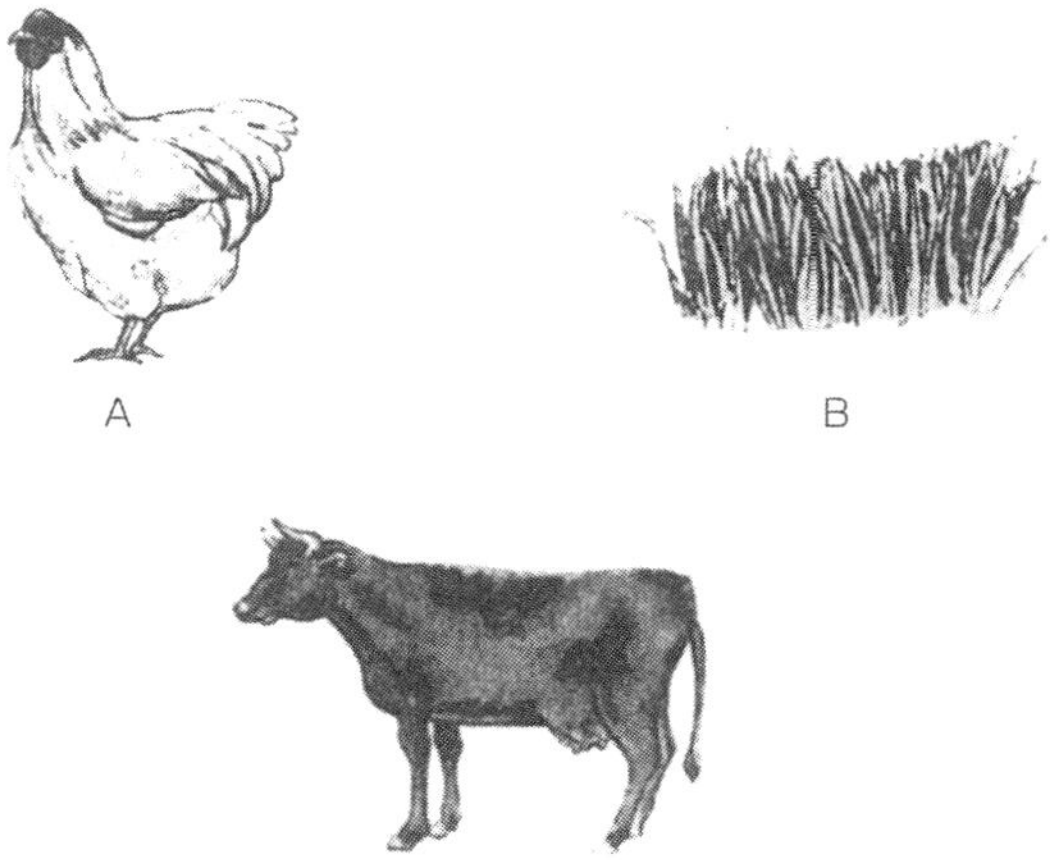

Aの仲間？　Bの仲間？

ょうか、それとも鶏でしょうか。

この例題は『木を見る西洋人　森を見る東洋人　思考の違いはいかにして生まれるか』（リチャード・E・ニスベット著、村本由紀子訳、ダイヤモンド社　二〇〇四年）という本からとったものです。

この質問を考案した心理学者たちは、中国、韓国、アメリカの小学生を対象に大規模なテストを実施しています。

中国、韓国の小学生は大多数が草を選んだといいます。ところがまったく同じ図を使ってアメリカの小学生でテストをしてみたところ、大多数が鶏を選んだというのです。

この設問を初めて見たとき、私はためらわずに鶏を選びました。日本人の友人にこのテストをすると、大半は草を選びます。なぜこのような違いが出るのでしょうか。

本の著者は、東洋と西洋では、ものを分類するときの基本原則が違うと説明しています。西洋では描くものの特徴や属性で分類する。つまり、牛と鶏は両方とも動物だから、同じグループに入る、と考えるのです。東洋では、分類には関係性が重視されます。中国人や韓国人は、牛は草を食べるから牛と草は同じグループだ、と考えるのだそうです。

私はこのテストを世界各地の顧客で試してみました。日本人は九割以上が「牛ー草」を選びましたが、西洋人は五分五分です。ただし、西洋でもデンマークや、アメリカのモンタナ州のような農業が盛んな地域では、「牛ー草」と分類する人が多くいます。

このように、文化の違いは、人が物を見るときの着眼点に影響を与えます。文化的背景が異なると、関係の見いだし方、絵の描き方が違ってくる可能性が高いのです。グローバル化した時代に働く人はそうした文化的ギャップを乗り越えて、顧客を納得させる技術を持っていなくてはなりません。

そのためには日頃から、同じセットの情報から複数の仮説を立て、そのなかから最も説得力のある仮説を選ぶ訓練をしておくことが大切です。情報のつなげ方にはそれぞれクセがありますので、それを自覚し、別の見方もできるように心がけましょう。

分析スタイルの四分類

一五年ほど前、モルガン・スタンレーに入社した私は、アナリストたちの分析スタイルの違いに興味を持ちました。そこで分析スタイルを四つに分類してみることにしました。次ページの図をご覧ください。

ここでは横軸が「数字で見るか、物語で見るか」という違いを、縦軸は「事実（ファクト）を強調するのか、関係（モデル）を強調するのか」の違いを表しています。

図には横軸と縦軸で区切られた象限が四つあります。

右上は「物語と事実を強調する」スタイルで、ジャーナリズムでよく用いられる

分析スタイルの4分類

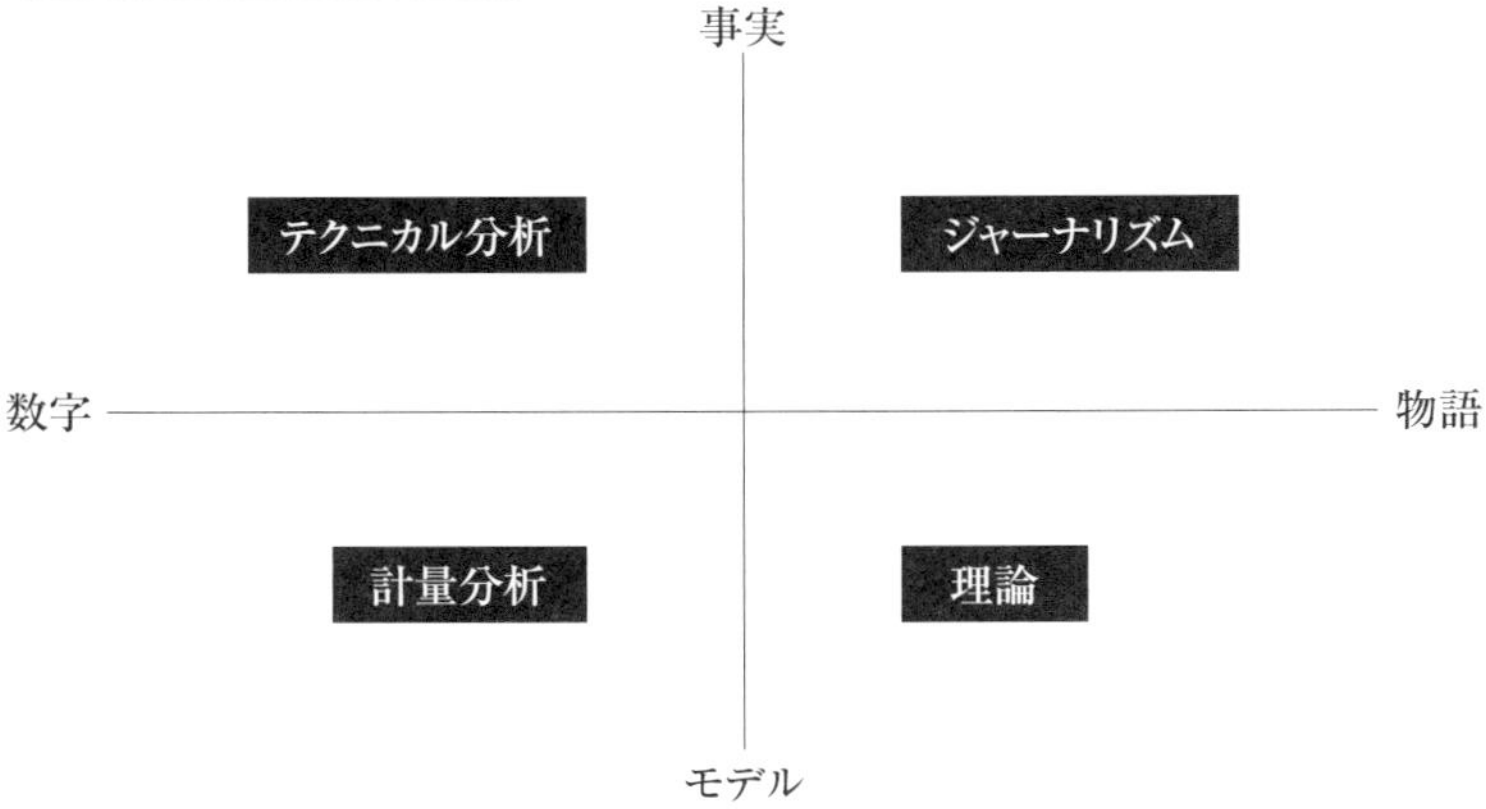

方法です。

左上は「数字と事実を強調する」スタイル。テクニカル分析が代表例です。テクニカル分析とは「二〇日間移動平均が、二〇〇日間移動平均を下から切って上がっている。これは『バイ・シグナル』だ」といった技術的な分析手法で、データマイニングとも言います。

左下は「数字とモデルを強調する」スタイルです。エコノメトリックス（計量経済学）や構造的な統計分析がここに入ります。Y＝a＋bXのような数式に数字をあてはめて、Xが1増えたときYはどれだけ増えるか、といったことを分析する手法です。

たとえば、企業収益と株価の関係を予測するのに、「○○社のここ二〇年の収益と株価の関係を見ると、収益がX％上昇すると株価がY％上昇している。一方、来期の収益予想はZ％上昇になりそうだから……」と式を組み、そこに数値を入れて株価を予想します。この分析手法は選挙のときも使えます。有権者を「白人、男性、所得はXX」「ヒスパニック系、女性、所得はYY」と属性によって分類し、セクターごとの投票行動を予測し、その数を総計して「民主党が勝つか、共和党が勝つか」と勝敗を予測する、といった具合です。

右下は「物語とモデルの強調」です。これは理論の世界です。不確定な多数の要因を排除し、重要と思われるものに限定した関係から結論を導き出します。たとえば「株価はPERで決まる」という理論があります。PERは、ある時点の株価とその時点の一株当たり収益の比率で、将来株価Pを形成する要因はこの数字のみとする考え方です。経済学でも「人口の伸び率と貯蓄率でその国の経済成長率が決まる」という理論があります。

私はかつて、「アナリストの生涯はテクニカル分析から始まり、ジャーナリズム、あるいは計量分析を経て、最後は理論分析に至る」と考えました。若い頃はいろいろと数字を挙げて自分の仮説の正しさを裏付けていた人が、成長するとごくわずかな数字を使ってわかりやすくものごとを説明できる理論家になっていく。アナリストの進化とは、そういうことだと思っていたのです。

しかし、上司にその話をすると、「そういうアナリストはいらない」と言われました。「私が欲しいアナリストは、状況に応じてすべての分析手法を使える人間だ。分析のためにはさまざまなツールがあるが、どれか一つが正解ということはない。あるときはジャーナリズムの手法で、別なときには計量分析の手法で分析する。状況によって最適な分析手段は違うのだから、すべてできなければ良いアナリストとは言えない」と彼女は言ったのです。いまから考えると当然の指摘でした。

アナリストが「この状況ではテクニカル分析を使うべきだ」「現在は制度が安定しているから計量モデルを使おう」といった判断をするときは、感性や経験で考えています。この部分はアートです。いったんモデルを選んでからは、対象を分析するためのサイエンスが必要なのです。

アナリスト的なスキルを身につけたい人は、これら四つの分析スタイルを対象によって使い分けることができなくてはなりません。

分析ツールはどう選ぶか

では、分析手法はどのように選べばよいのでしょうか。

いくつか例を挙げましょう。

私が日本の金融界で名前を知られるようになったきっかけは、一九九〇年代初めに書いた、計量分析による「￥１０８論」というレポートでした。

当時は一ドル＝一三〇～一四〇円という円安でしたが、私は日本経済の実力から見て、その状態は不自然であると感じていました。そこで「円高が来る」という趣旨の論文を発表したのです。

日本の経常黒字は対ＧＤＰ比で三％以上ありました。私はこの水準は二％程度が適当ではないかと想定し、そこまで経常黒字が減るために円はどこまで上がればよいか、計量経済的なモデルを組んで計算しました。

その結果が一ドル＝一〇八円でした。なぜ二％が妥当な水準かという点については、明確な根拠はありません。そこは長年マクロ経済指標を見てきた者の一種の直感にすぎません。この直感をロジカルに説明するために数字と数式を使いました。
この論文が発表された後、為替は円高に転じ、九五年には一ドル＝八〇円を突破します。私は計量経済の分析手法を使うことで、このときの円高を言い当てることになったのです。

次は理論の例です。数年前に書いたインフレ・ターゲットについてのレポートには理論分析の手法を用いました。そこではどのような場合にインフレ・ターゲット政策が有効なのか、反対に、どのようなケースでは有効でないのかを論じましたが、そのなかで、「物価指数」について、理論的な考察をしました。

価格変動による人間の行動の変化は、いくつもの物価を掛け合わせた、「掛け算」の数値として求められます。しかし、日本の消費者物価指数は、いろいろなモノの値段を調べ、それぞれにウェイトをかけて足し合わせるという、足し算で求められています。私はそれはおかしいと考えました。

足し算方式だと、値段が変わっても、消費パターンが変わらないという暗黙の前提になり、インフレ測定値が高すぎる結果になる。すなわち、消費者がもう買わなくなったものがまだ買われていることになってしまうのです。完璧ではなくても、もう少し事実に近い掛け算式で物価指数を計算するべきだと指摘しました。足し算式で求めた値と掛け算式で求めた値の間には〇・三パーセンテージポイントという差異があり、この差異には重大な意味合いがありました。そこから私は「デフレは終わっていない」という結論を導き出したのです。

分析手法を複数組み合わせて使うこともあります。私は二〇〇八年に、「鶏急ぎ（とりいそぎ）」という変わったタイトルの論文を発表しました。穀物価格の急騰が食肉の価格とその消費にどのような影響を与えるかを予測したものです。

牛肉一キロを生産するには、七キロから一〇キロ程度の穀物が必要と言われています。一方、鶏肉一キロを生産するには、穀物は二キロしか必要ありません。豚肉は牛と鶏の中間です。穀物価格が高止まりするなら、牛肉価格の上昇は非常に大きなものとなり、他方、鶏肉価格の上昇はそれより小さくなるはずです。消費者の所得は穀物価格ほど急には上がりませんから、価格の変動に伴って食肉の消費量は、牛肉から鶏肉へ移ってゆくのではないかという仮説を立てました。

分析には、ジャーナリズム的手法と計量経済的手法を用いました。

現在の世界の食肉消費量は、全体としてはほぼ牛肉三分の一、豚肉三分の一、鶏肉三分の一となっています。食肉の価格が上がったとき、消費者は食べる肉の全体量を減らすのか、それとも牛・豚・鶏の比率を変えて、同じ量の肉を食べ続けるのか。

この問題について、食肉市場の過去の変化についての報道や統計数字を調べて、論文に採り入れました。また、豚肉の消費量を一定として、計量分析の手法を使って、食肉の消費パターンがどう変わるか試算しました。

結論は、「牛肉の消費が大きく減り、鶏肉が六割弱までシェアを上げてゆくだろう」というものでした。英語タイトルを「Buy Chicken!!」としたこの論文には、日本でも海外でも大きな反響がありました。その多くが「穀物価格の上昇にそんなインプリケーション（意味）があったのか。考えたこともなかった」というものでした。食肉業界の人たち、とくに、鶏肉の生産者からも多くの問い合わせがありました。

このように、意外な結論を説得力のあるかたちで提示するには、物語性と、その物語を裏付ける数字のコンビネーションが効果的です。その意味で、このレポートにジャーナリスティックな手法と計量分析的手法を使いました。

この論文で私は、誰もが知っている穀物価格の上昇という情報に、食肉市場におけるシェアという情報を結びつけ、当事者さえ予想もしていなかった結論を導き出しました。相互に関係ない状態で散らばっている情報を元に、いくつかの分析の手法を用いて、「鶏の絵」を描いたわけです。

情報と情報をつなぐ線を引き、絵を描く。そうすることで混沌とした情報の中から、いままで見えていなかったものを引き出す、それが「分析」の神髄です。

数字とモデルで考える

先に挙げた四つの分析スタイルのうち、「数字とモデルを使う分析」についても具体的な例を挙げましょう。この分析スタイルは日本人がかなり苦手とするものです。

「数字とモデル」で考える対象として典型的なものが為替です。為替は非常に複雑でわかりにくい、予測しにくいものです。私も四〇年間、円ドルレートと戦ってきました。

為替はだいたい金利格差で動くものだと、思い込んでいる人はたくさんいます。

たとえば日米の金利差（米金利＞日金利）が大きくなるほど円安になる、というのは誰もが感覚的に知っていることです。しかし、金利格差は一つの要因にすぎません。需要と供給のモデルで考えるとよりロジカルに説明できます。

たとえばリンゴで考えてみましょう。リンゴが一個三〇〇円のときよりも、一〇〇円のときのほうが多く買えますね。左のグラフで右肩下がりになっている需要曲線は、そのことを意味しています。リンゴが安くなればなるほど、「買いたい」数量は増えます。逆に、リンゴ農家は、リンゴが高く売れるときにはより多く出荷したいと考えます。結果、供給曲線が右上がりになります。量と価格は、消費者の「買いたい」という数量を表す右下がりの需要曲線と、生産者の「売りたい」という数量を表す右上がりの供給曲線が交差するところで決まります。経済学の教科書の最初に出てくるミクロ経済の初歩的な考え方です。

では、より多くのリンゴをつくれるようになったらどうなるでしょうか。たとえば、リンゴにとって好天候であれば豊作となり、供給曲線が右へシフトします。逆に悪天候でリンゴが不作だったとすると、左にシフトします。

需要曲線もさまざまな原因によってシフトします。たとえば所得が上がったので、

円／ドルの最良モデルは…需要と供給

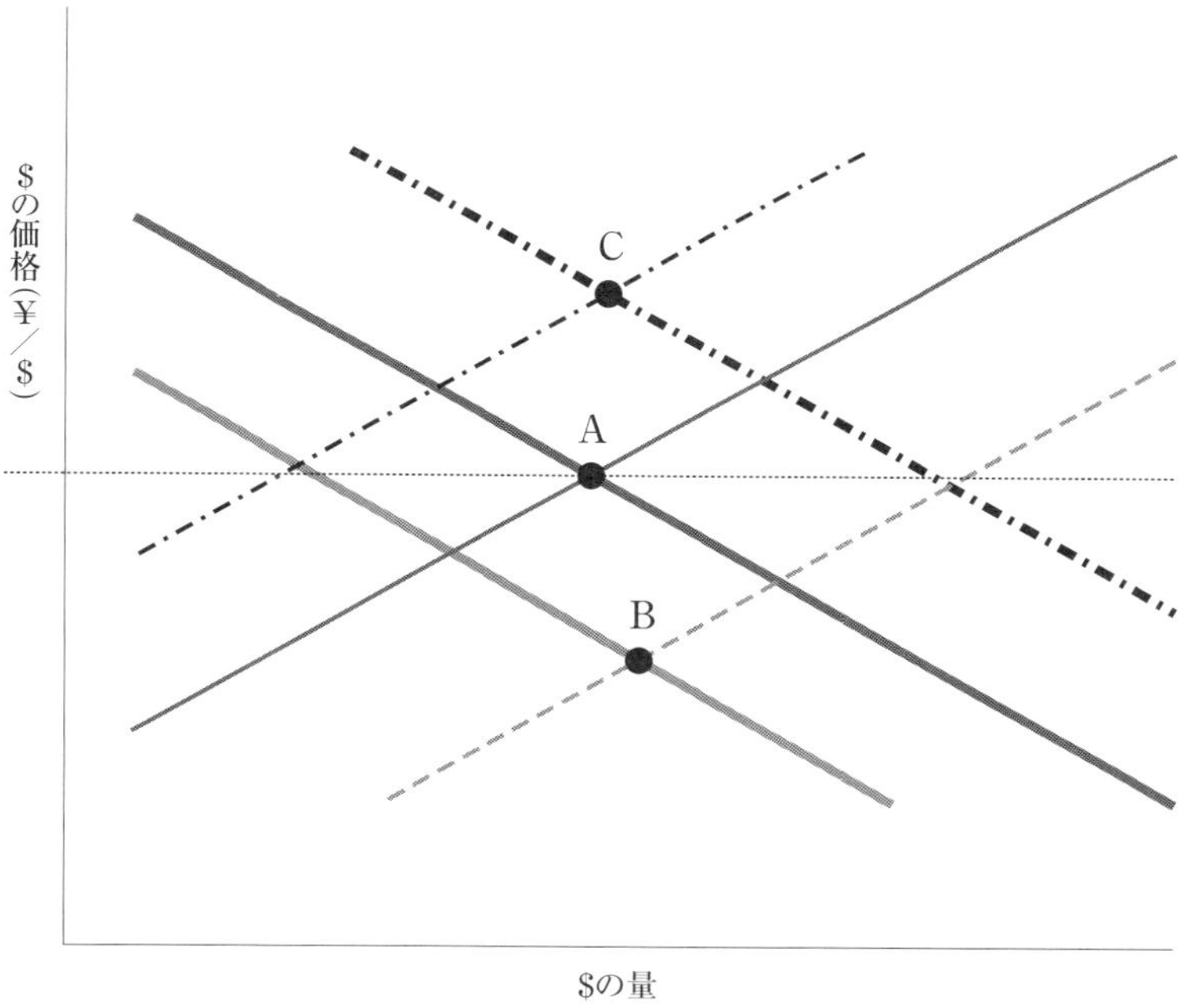

一人あたりのリンゴの消費量が増えると右にシフトします。人口が減って、リンゴの全体的な消費量が減るといった場合には、左にシフトします。

さて、リンゴの話はここまで。これからいよいよ為替の話になります。一見複雑に見える為替も、このモデルで十分に説明できるのです。

為替市場の価格も、リンゴ市場の価格と同じです。ドル紙幣一枚を一〇〇円で買うのか、八〇円で買うのか、一二〇円で買うのか。これが値段です。つまり、為替レートです。為替市場における「量」はドル紙幣の枚数と考えることができます。リンゴの図の縦軸が為替レート、横軸がドル紙幣の枚数、と考えてみてください。

まず、ドルの供給曲線を考えてみましょう。円が安くなると輸出業者――ここでは自動車メーカーとします――は、自動車のドル価格を下げることができるので、より多くの車台数をアメリカで売ることができます。つまり、ドル価格が下がることによって台数がそれ以上増えるので、より多くのドルが手に入る。その結果、ドルの供給量が増えます。従業員に給料を払ったり、部品を買ったりするためにそのドルを売って円を手に入れます。よって、供給曲線は右上がりです。一方、アメリカの景気がよくなると、同じ円ドルレートでももっと車が売れるようになるので、円に換金するために売るドルの量が増えます。その結果、やはりドルの供給曲線が右へシフトします。

今度は、ドルの需要曲線を考えましょう。円高（少ない円でドル紙幣一枚が手に入る）になると、ドルをもっと買おうという人が増えるので、右下がりの曲線です。この曲線がシフトするのはどんなときでしょうか。

たとえば税制が変わってアメリカで工場をつくりたい日本企業が増えたらどうでしょうか。アメリカの土地を買うために、ドルが必要になります。すると、円ドルレートがどの水準であっても、より多くの円を売ってドルを買います。もう一つの例として、アメリカの金利が高くなったため、ドル資産を買いたい人が増えたと考えてみましょう。そのためには、円を売ります。どちらのケースも需要曲線は右にシフトし、円ドルレートが円安になります。

では、質問です。アメリカの財政が破綻しそうだという場合、需要曲線はどうなるでしょうか。ドルに対する需要が激減するので、需要曲線は左にシフトし、円高になります。

もう一つ質問です。二〇一一年、日本で大地震が起きました。そのあと、円が少しだけ安くなりましたが、すぐに円高になりました。当時、私が一番多くのお客さまからいただいた質問は、「これだけのことが起きても、円はなぜ弱くならないんですか？」というものでした。

これも需給曲線で説明できます。

まず、ドルの供給曲線はどうなるでしょうか。さきほどの自動車輸出業者のことを思い出してください。工場や部品業者が影響を受け、輸送にも支障が出るので、どんな円ドルレートでも輸出は減ります。よって、稼げるドルの量は減ります。つまり、為替レートに関係なくドルの供給が減るので、供給曲線は左にシフトする。

次に、ドルの需要曲線はどうなるでしょう。大災害後は心理的にリスクをとりたい人が減りました。よって、どんな為替レートでもドルへの需要は減ります。需要曲線も左にシフトします。供給曲線も需要曲線も左に動くので、ドルの値段、つまり為替レートは変わりません。そのあとさらに円高になりましたが、これは、アメリカの景気が回復しないので、連邦準備理事会（ＦＲＢ）のベン・バーナンキ議長が、当分金利は上げないと宣言したために、ドルへの需要がさらに後退したからです。つまり、需要曲線はさらに内側にシフトしたのです。

この簡単なモデルがなかなか理解されず、多くの人は金利差ばかりに気を取られています。

実は私も為替の見方をめぐって、社内で激論を交わしたことがあります。ロンドンで為替全体を担当している同僚がいるのですが、彼が毎月出している為替予測で、二〇一二年の二月ごろ、円相場が七六円になったときに、同年末には七一円になると言いました。震災で減った輸出が回復するとドルの供給が増えるので（先に説明したとおりです）円高になる、という議論です。三七ページの図でいうとA→Bです。

私はそうはならないと思いました。なぜなら、震災後、日本のエネルギー輸入は増え、工場の海外移転も進む。だから、ドルの供給は増えないどころか、減る。よって、供給曲線は左にシフトすると考えました。また、民主党も自民党もデフレ脱却を謳っていますから、さらなる金融緩和に向かうでしょう。つまり、円の金利が下がる。すると需要曲線は外にシフトする（A→C）。

その後、実際に円が下がって八〇円台に戻しました。さらなる円高を予測していた同僚は、七一円ではなく、七八円に予測を修正しました。

肝心なポイントは、需要曲線、供給曲線がどういうもので、何があったらシフトするかを整理して頭に入れておくことです。いま起きていることが、この二つの曲線をどちらに動かすかを考えると、為替の動きというのは、より高い確率で予測することができるのです。

ストーリーで考える

「分析スタイル四分類」の一つの軸に「ストーリー〈物語〉」があると述べましたが、ストーリーは大局を分析するうえでとりわけ有効です。

例を挙げましょう。

二〇一二年のバレンタインデーに、日銀が「金融政策が大きく変わります」と発信しました。中身を見ると、大したことを言っていないのですが、市場の反応は非常に大きかった。なぜかと言えば、「ストーリーが変わった」と市場が思ったからです。

それまでのストーリーはこうでした。「日銀はとにかく動かない。インフレ・ターゲットには反対している」。それがこの発表文書ではそれまでの「物価安定の理解」という言葉が「物価安定の目途」に変わり、実質的にインフレ・ターゲットを設定したと受け止められたのです。結果として円相場が一ドル七八円前後から、結局、八四円まで動きました。

ポイントは、金融政策の良しあしではなく、「インフレ・ターゲットに反対し続ける」というストーリーが「インフレ・ターゲット導入に動く」というストーリーに変わったことです。それで市場が大きく反応したのです。

私は証券業界で二十数年間市場とつきあってきました。こうしたストーリーの変わり目を読むのが仕事だったといってもいいでしょう。お客さんにも「いつストーリーが変わるのか」「新しいストーリーは何か」ということをよく聞かれるので、私はストーリーをどのように定義するべきかを長年にわたって独学で考えてきました。そのなかで見つけた面白い本を二冊ご紹介します。

一冊目は『アニマルスピリット』という本です。ノーベル経済学賞を受賞したジョージ・A・アカロフ教授（カリフォルニア大学）と、ロバート・シラー教授（イエール大学）の共著です。この本には、バブルが発生するときに決まって語られるストーリーがあると書いてあります。それは、「新技術によって世の中が変わる、未来は明るい」というストーリーです。このストーリーが思うように行かないから毎回バブルは破裂する、という話です。

二冊目はクリストファー・ブッカーというイギリスのジャーナリストが二〇〇四年に書いた『The Seven Basic Plots:Why We Tell Stories』という本です。七〇〇ページほどの大著ですが、この本によると、おおよその物語は七つある型のどれかに当てはまるといいます。それぞれの型によって、決まった役の人たちが、決まったかたちで絡み合って、決まった結果が出るというわけです。ブッカーの本では七つのパターンが紹介されています。舞台を金融市場とすると、あてはまりそうなのは次の三つです（他は、喜劇、冒険、放浪と帰還、立志伝）。

◉怪獣退治
◉悲劇
◉再生

怪獣退治の物語は西洋にも東洋にもあります。イギリスの古典の『ベオウルフ』、

物語の7つのパターン

	例	あらすじ
怪獣退治	ベオウルフ 七人の侍 007シリーズ スター・ウォーズ	凶悪な敵が平和な村を襲う。英雄が命をかけて戦い、ときには犠牲となるが、これを倒す
悲劇	マクベス ボヴァリー夫人 ジュリアス・シーザー	主人公が性格の欠陥から生まれる誤解や過失により、いや応なく破滅へと進んでいく
再生物語	クリスマス・キャロル 眠れる森の美女 美女と野獣	闇の力によって倒された主人公が（異性の）愛の力により救われる
喜劇	ジェーン・オースティンの小説 シェークスピアの戯曲	誤解が誤解を生み、人間関係がもつれにもつれるが、最後はめでたく解決
冒険	オデュッセイア キングソロモンの秘宝	主人公が何としても手に入れなくてはならないもののために試練の旅に出る
放浪と帰還	不思議の国のアリス 風と共に去りぬ 第三の男	主人公と仲間たちが非日常的危機を乗り越えた末、日常に戻る
立志伝	シンデレラ ジェーン・エア 赤と黒 アラジン	庶民や凡人が、内に秘めていた特別な「もう一人の自分」を自己実現していく

出所：Christopher Booker, The *Seven Basic Plots：Why We Tell Stories*（Continuum, 2004）
アミの部分が「平成経済の物語」の3パターン（モルガン・スタンレー・リサーチ）

アメリカ映画の『ジョーズ』、日本の『ゴジラ』などです。

怪獣物語は次のような流れになります。

まず、平和な村を怪獣が襲う。村の人々は怪獣と戦って負けますが、最終的には村の英雄が魔法の武器を使って怪獣を倒します。場合によっては英雄は死にますが、村は平和に戻ります。ゴジラもジョーズも大体そういう話です。

これをここ二〇年間の日本経済で考えてみましょう。まずバブルが起こり、それがはじけたときに、経済が大きな打撃を受けました。

最初に魔法の武器を出したのは宮澤喜一総理です。財政出動で大盤振る舞いしたのでしばらく怪獣を押さえ込むことができましたが、トドメをさす前に宮澤総理の政治生命が尽きました。

次に細川護熙総理が出てきて、引き続き同じ怪獣と戦います。このときの魔法の武器は減税と政治改革でした。ある程度効果はありましたが円高という向かい風もあってだめになりました。三番目に出てきたのは橋本龍太郎総理です。「フリー・フェア・グローバル」の金融改革、財政再建といった武器を使って怪獣を倒そうとしましたが、やはり力尽きてしまいました。

その次は、そう、小泉純一郎総理です。彼は構造改革、郵政改革などの強力な武器を使いました。かなり効果もあったのですが、怪獣の息の根を止めないうちに本人が去ってしまい、怪獣がまた元に戻ってしまいました。その後、政権交代という秘密兵器で怪獣を倒そうとした小沢一郎というさすらいのヒーローも出てきましたが、怪獣を倒さぬうちに村を出ていってしまいました。

話が長くなりましたが、五人の「英雄」たちが戦っても怪獣を倒すことができなかった、ということは、日本経済は「怪獣退治」のストーリーで動いているのではない、ということです。

怪獣退治でないのであれば、残りは悲劇か再生物語になります。悲劇にも英雄が出てきますが、この英雄には致命的な欠点があって、志半ばで死んでしまう。シェークスピアの『オセロ』が典型です。

経済の文脈で考えると、致命的な欠陥は「既得権益」である場合が多い。日本、アメリカ、欧州、どこでも同じです。しかし、既得権益と戦うことはなかなか難しくて、下手に手を出すと自分が負けて死んでしまいます。かといって、放置していても自分の首を絞めることになる。どちらにしても英雄は死ぬという結末です。

いまの世界経済を見ていると、悲劇のストーリーで動いているところがほとんどのような印象も受けますが、市場はこのストーリーを決して歓迎していません。できれば別のストーリーを前提に動きたいのです。

そこで残されているのは再生ストーリーです。再生ストーリーにも英雄がいます。この英雄は、悪い魔女に魔法をかけられたりして、なかなか勝つことができない。そこに救い主が現れる。男性の場合は女性が、女性の場合は男性が現れるのが典型的です。途中までは悲劇のストーリーと同じですが、助けが来るか来ないかが違うのです。

実はここ二〇年間、日本は二回ほど、再生ストーリーのシナリオに沿って動いていた時期がありました。一回目は橋本政権、二回目が小泉政権のときです。後者においては、財政の基礎的収支（プライマリーバランス）がほとんどゼロに戻るところまでいきました。財政再建への糸口がつかめそうなところまでいったのです。しかしいずれもストーリーは途中で途切れてしまいました。

投資家にとって重要なのは、市場は、「いまは再生ストーリーだ」と感じると、すぐ反応するということです。冒頭で申し上げた、二〇一二年のバレンタインデーの日銀の動きは、「日本は再生ストーリーに向けて動き出した」というメッセージを発信したのです。残念ながら、実際は違ったわけですが。

市場は生き物です。これからどんなストーリーになるのかを常に知りたがっています。金融市場だけではありません。あらゆる市場です。ですから、ストーリーを読み取ることがどんな仕事においても大切です。

第2章

逆算して組み立てる

Presentation

プレゼン力

簡単なメッセージほど伝わりやすい

プレゼン力を、ここでは「伝える力」と定義します。第一に自分が思っていることと、考えていることを相手に理解してもらう力。それに加えて、人を説得する力もここに含まれます。

人に何かを伝えるには、最初に目的を決めることが大事です。何のために、誰に向けて、何を伝えようとしているのか。そこから逆算することで、プレゼンの方法が決まります。

当然のことながら、目的は簡単であるほど伝わりやすい。

政治家の演説であれば、要は投票してもらいたいわけです。ですからメッセージは「〇〇党に入れてください」となります。そこから「どうしたら入れてくれるのか」を逆算して話すのです。

単純なメッセージで目的をはっきりさせることの利点は、二〇〇五年の郵政選挙を見ればよくわかるでしょう。この選挙は自民党の小泉純一郎総裁と、民主党の岡田克也代表の間で戦われた選挙でしたが、小泉側の主張は非常にはっきりしていました。

「私は郵政民営化法案を通したい。民営化にはこういう利点がある」

それだけです。

岡田側はそれに対していろいろ批判をしましたが、なぜ批判するのかを伝えられませんでした。小泉改革に反対するのか、支持するのかも曖昧で、有権者は民主党が何をどうしたいのか理解できなかった。だから負けたのです。

目的をはっきりさせること、それが第一のポイントです。

ブルータスの演説はどこがまずかったか

相手のニーズを知り、どうすれば相手の共感を得られるかを考える。それが説得の原点、プレゼン成功の鍵です。

シェークスピアの『ジュリアス・シーザー』の中に、シーザーが暗殺された後、殺した側のブルータスと、シーザー側にいたアントニーが演説する、有名な場面があります。

まずブルータスが立って、「自分たちはなぜシーザーを殺したか」を話します。

「シーザーはよいことをたくさんやった。けれども野心家で、ローマを私物化し、ローマ人を奴隷にしようとした。私は彼が嫌いだから殺したのではない。私はシーザーを愛していたが、それよりももっとローマを愛していた。だからシーザーを殺すしかなかったのだ」

ブルータスの話は高潔で、集まった人たちはそれを聞いて「そのとおりだ！」と喝采しました。

しかしアントニーはうろたえませんでした。というのは、ブルータスの話は「なぜシーザーがローマ人を奴隷にすると思ったのか」という具体的な理由については説明していなかったからです。

ブルータスが演説を終えると、次にアントニーが話をします。

「私はブルータスを尊敬しています。しかし、シーザーはそんなに悪い人間ではなかった。彼はみなさんをお金持ちにしたではないですか。みなさんの気持ちをよく理解し、帝王になることを断ったではないですか。シーザーのどこが野心的だったというのでしょう。彼の遺言があります。その遺言には『ローマのみなさんに私の宮殿を捧げます』と書いてあるのです。そんなシーザーが、どうしてみなさんを奴隷にするというのでしょうか」

アントニーの話は雄弁で、具体的で、感情に溢れたものでした。そして、「私が見つけた」と言って、シーザーの遺言状（偽物と思われる）まで見せたのです。アントニーの反論を聞いたローマ人たちは、今度は「アントニーの言うとおりだ！」と言い出しました。

高潔なブルータスより狡猾なアントニーの演説のほうが聴衆に訴えたのは、アントニーが聞き手であるローマ人たちの気持ちをブルータスよりわかっていて、その共感を得ることに成功したからです。

アントニーは「我々の役に立つことをやったのは誰だ。シーザーなのか、ブルータスなのか」そう問いかけた。論理ではなく、聞く側の感情に訴えて説得に成功した、大変いい例ではないかと思います。

「あなたと私は仲間ですよ」「私たちの願いは同じです」と訴えていくことで、相手の支持を得る。それがプレゼンのポイントと言えます。

「共感を得る」ことの大切さについては、このあとの「話し方」のところでも改めて述べたいと思います。

相手によって、使う言葉を変える

いくら優れたプレゼンでも、それ一つですべての人を同じように説得できるかといえば、そうではありません。相手によって、使う言葉、盛り込む内容を変える必要があります。

左に挙げたのは『ニューヨーカー』に掲載されたマンガです。犬のボスと猫のボスが座っています。犬の部下が、犬のボスに「違う話し方をしなさい」と耳打ちしています。「fetch という言葉は猫にはないんですから」というアドバイスです。「fetch」というのは、「取ってこい」という意味です。犬に棒やボールを投げて「取ってこい！」と言うと、犬は喜んで取ってきます。でも猫はそんな遊びはしません。だから猫に「それは『取ってこい』ってことですよね？」と

"You'll have to phrase it another way. They have no word for 'fetch.'"

言っても、わかるわけがない。

情報を発信する人は、まず「相手は誰なのか」を考えなくてはなりません。日本人は、「私は勉強不足なので、あなたのお話の半分も理解できませんでした」と、話を聴く側が、わからなかったことを恥じる傾向がありますが、これは独特の文化だと思います。たとえばアメリカでは、話がわからないのは「話している人」の責任、本が「難しすぎる」のは、「書いている人」の伝える技術が足りないから、と考えるのが普通です。

プレゼンでは実際に話したり書いたりする前に、話の構成を考えておくことが大切です。

日本では理想的な話の構造として、よく「起承転結」と言います。これは東洋的な考え方ですが、前述の、シェークスピアの『ジュリアス・シーザー』におけるアントニーのスピーチは、見事にその起承転結の形になっていることがわかります。

起「シーザーはそんなに悪い人ではなかった」
承「みなさんをお金持ちにしたでしょう」
転「『ローマのみなさんに私の宮殿を捧げます』という遺言があります」
結「やはりシーザーは悪い人ではなかった。それを殺したのは悪だろう」

このように明快な構造を持ったプレゼンは、短くとも相手に強く訴えるものがあります。

奴隷制度の廃止を訴えた、リンカーン大統領の有名なゲティスバーグ演説は、わずか三分間でした。同じ日に話した別の演説者は、二時間話したそうです。しかし誰もこの人の名前も知らないし、何を言ったかも知りません。歴史に残った演説は三分しか話さなかったリンカーンのほうだったのです。

書く前に「自分と会話」する

文章を書く場合、第一段階は、書く前にまず「自分の頭の中の会話を聞く」ことです。書く前には頭でいろいろなことを考えています。それを文章にしていくために、「自分の言いたいことはこれだろうか？　いや、こっちだろうか？」と自問自答したうえで書き始める。もやもやしたところからいきなり書き始めると、何を言いたかったのか途中でわからなくなります。気ままな創作活動であれば別ですが、人に何かを伝えるという目的があって書く場合は、伝えたい内容を自分自身がまずしっかり理解していることが大切です。

書いている間も、自分が書いた文章を読み直しながら、「違うな」と思えば軌道修正し、自らの書いた文章と対話するようにして練り上げていきます。

文章の上達のためには、「ルールブック」となる本を探すことをお勧めします。私の場合、戦前にコーネル大学の教授だったウィリアム・ストランクの教えを、教え子のE・B・ホワイトが一九五九年に再出版した『The Elements of Style』がそれに当たります。ホワイトは『シャーロットのおくりもの』などの児童文学をはじめ、素晴らしい著作を数多く出している作家であり、著名なエッセイストでもあります。

一九一八年に初めて出版された『The Elements of Style』（ホワイトはこれに補足して再出版しました）は、Ｂ７サイズで五〇ページにも満たない小さな本ですが、簡潔でわかりやすい文章を書くためのルールがびっしり詰まっています。

私が最も参考にしているルールを五つ紹介しましょう。

①いらない言葉を省く

文章を書いたあと、不必要な部分は思い切って削り、短くします。短い文章のほうがかえって相手に強い印象を与えます。

文章を短くするのは著者の責任です。読者の時間を無駄遣いしないために、自分の時間を使うべきです。

②二重否定を使わない

日本語の文章でも「そうならないとは限らない」という二重否定の文章をよく見かけます。これは読者を混乱させます。わざとぼやかしたり、曖昧にしたりするという「意図」がない場合、二重否定は使わないほうがいいでしょう。

③文章は単純な構造に

文章にはさまざまな構造があります。時間軸に沿って、最後に結論を持ってくるピラミッド型の構造もあれば、結論を最初に述べて、「なぜなら……」とその根拠を明かしていく、逆ピラミッド型の構造もあります。

どちらもよく使われるものですが、大切なのは最初に構造を選ぶこと、そして、選んだらそこから外れないことです。

④能動態を使う

日本の新聞には「○○が明らかになった」と受動態で書かれた記事がよくありますが、これは不親切です。主語をはっきりさせた形で書かなければ、何が言いたいのか読み手にわからなくなってしまいます。

⑤強調したい言葉を文章の最後に持ってくる

文章のなかで最も強調したいところを文章の最後に置くと、読者の印象に残ります。例を挙げましょう。

◉**文章の最後**に、強調したい言葉を置きましょう。
◉強調したい言葉を置くならば、**文章の最後**です。

文章が上達したいのであれば、このようなルールブックを自分で探し、その中で特に効果的と思われるルールを実践していくことです。

この五つのルールのほかにも、ものを書くときに私が心がけていることがいくつかあります。

まず、短い文章、簡単な語彙で書く。例外もありますが、難しい漢字を使うより、ひらがなと純粋な日本語、いわゆる大和言葉を使うほうがわかりやすくなります。

実は英語もまったく同じです。

英語はアングロサクソン語に、ラテン語など外来の語彙がまざった言葉です。ラテン語由来の言葉を使いすぎると、「あいつは気取っている」「偉そうだ」という印象を与えますし、文章もわかりにくくなってしまいます。

自分の文章がわかりやすいかどうか、簡単に判断する方法があります。

私がよく使うのは「Fog Index（霧の指数）」という計算式で、

F＝0.4（w/s＋［x・120/w］）

というものです。

wはwordsで語数、sはsentencesで文の数、xは3音節（syllables）以上の難しい言葉の数です。

Fは小学一年生から数えた学年で、F＝3なら小学三年生レベル、F＝10なら高校一年生レベルという意味です。

簡単な例を挙げましょう。

The dog went to the emporium with his master, and waited outside while the master was shopping.

（犬が飼い主と一緒にショッピングセンターに行き、飼い主が買い物をする間、待っていました）

この例だとF＝9・6です。つまり高校生レベルのわかりやすさ、ということになります。これを少し変えて、一文から二文に増やし、難しい言葉を減らしてみましょう。

The dog went to the store with his master.
He waited outside while the master shopped.

こうすると、F＝3・2となり、小学生レベルのわかりやすさ、となります。
以上は英語での例ですが、日本語でも考え方は同じです。
一つひとつの文章を短くして、難しい言葉を減らすことで、文章はわかりやすく、読みやすくなるのです。漢字とひらがなの割合、カタカナ言葉の数、などの指標を参考にして文章のレベルを調節すれば、同じ内容でもより効果的に伝わります。

また、正確な比喩を利用することも大切です。

比喩の使い方の例として、キング牧師の演説からの引用をご紹介したいと思います。

Our scientific power has outrun our spiritual power. We have guided missiles, but misguided men.

「我々の科学の力は精神の力を超えてしまった。誘導ミサイルはできたが、非道(な)人間は多い」

「誘導」と「非道」が一つの比較で、「ミサイル」と「人間」がもう一つの比較です。いわば二重比喩となっているのです。キング牧師は比喩の達人でした。

ここでは比喩の文学性を問題にしているわけではありません。

わかりやすい比喩を使うと文意が理解しやすくなり、プレゼンの印象は非常に強まるという利点があるのです。

比喩はとても便利なものですが、気をつけないと逆効果になってしまう場合もあります。

たとえば誰かを指して「あいつは誘導ミサイルだ」と言ったとしましょう。

これには「すごく正確だ」という意味もある一方で、「壊し屋だ」という意味にもなります。つまりいい意味で使っているのか、悪い意味なのかはっきりしないのです。

比喩を使う場合は、その言葉に含まれる、自分では意図していない裏の意味にも気をつける必要があります。さらに、自分の専門性をひけらかしたり、正確な表現にこだわって、もったいぶった文章にしないことも重要です。

本来、専門家向けの文章と一般向けの文章はまったく違うものです。

一般向けの文章であれば、読者のレベルを考えたうえで書かなければいけません。

専門用語をむやみに使うと、それを理解できない人に劣等感を感じさせてしまう場合もあります。それは失礼です。相手には相手の専門があります。専門用語を知っているから偉いということはありません。相手が理解できる言葉で書くことは、読み手に敬意を示すことでもあり、書き手の義務でもあります。

意識して「ゆっくり」話す

人前で話す際に忘れてはいけないことは、「舞台に立っている」という自覚です。話すことは「演技」です。それを忘れて話すと、効果が落ちてしまいます。聞き手があなたの話を聞くのは、たいてい一度だけです。ですから、相手にとってわかりやすい話し方をすることがとても重要です。

コツは、ゆっくり話すことです。

「自分のすごさ」を見せたい人は、早口になりがちです。いろいろな情報を次々に口に出して説得しようとするからです。しかし、早口で言葉をあびせかけられた相手はイライラして、メッセージを聞き逃してしまいます。

もう一つのコツは、声を低くし、聞き取りやすくすることです。私はスピーチをする前に、歌手がやるような発声練習をしています。

まず「これが私の声です」と、声に出して言ってみます。そのときに自分がどういう声を出しているか、覚えておいてください。

次に大きく深呼吸をして、「ア～」と、できるだけ低い声で、息の続く限り発声します。そしてその後にもう一度「これが私の声です」と言ってみましょう。どうですか。最初の声よりもずっと低くなったことに気づくはずです。

この発声練習を二、三回繰り返すことで、さらに声を低くすることができます。

話す場合も文章と同じく、だらだら話すのではなく、文章を短く区切ることでわかりやすくなります。

また、話を印象深くするために、並列構造を使うのも効果的です。

キング牧師には有名な、「私には夢がある」という演説があります。

「一〇〇年前、リンカーン大統領が奴隷解放宣言をしました。黒人の自由を約束しました」と前置きしたうえで、次のように述べます。


一〇〇年たっても黒人は自由になっていない。

一〇〇年たっても黒人は差別の被害者である。

一〇〇年たっても黒人は豊かな海にある貧困の島に住んでいる。

一〇〇年たっても黒人は生まれた国で追放者である。

並列構造の演説では、繰り返し同じ内容を訴えることで、聞き手に話し手の言いたいことが深く伝わります。

話す力を向上させる第一の原則は、お手本を探すことです。アメリカやイギリスの書店に行くと、どこでも必ず「名演説集」といった類の本が置かれています。キング牧師、ケネディ、リンカーン、クロムウェル、チャーチルなど、さまざまな時代の人のものがそろっています。日本ではこの種の本はほとんどありませんが、職場や講演などで、話し方のうまい人を見つけるのはそれほど難しいことではないでしょう。

その次の段階として、自分が話している姿をビデオに撮って見ることをお勧めします。自分の経験からも言えることですが、ふだんは目にすることのない、自分の話す姿を直視するのは辛いものです。しかしこれは、話し方の欠点を発見するためには最も効果的なやり方です。なぜなら、ビデオに撮ると、言葉だけではなく、体の動きや顔の表情までわかるからです。

話している間の体の動きを意識するのはとても大切です。私がそのことを理解したのは、レーガン大統領のスピーチを見たときでした。

レーガンは基本的にじっと立って動かずに話します。そして何か強調したいときだけ、わずかに頭を動かすのです。テレビでカーター対レーガンのディベートが行われたときのことです。カーターがレーガンを挑発して言った言葉に対し、まっすぐ背を伸ばして立っていたレーガンが頭を少しかしげて、「また言ってるね」と言いました。私はこの場面に非常に強い印象を受けました。

聞き手との間に共感を生む話し方

スピーチで大切なのは、聞き手の共感（シンパシー）を得ることです。

ロバート・ケネディが大統領候補になったときの有名なエピソードがあります。インディアナ州の予備選で、ケネディがインディアナポリスの黒人街で演説をする直前に、「キング牧師が暗殺された」というニュースが伝えられました。周囲の人たちは「こういう状況で黒人街で白人がスピーチするのは絶対に危ない。あなたも命を狙われている。やめたほうがいい」と止めたのです。

しかしケネディは、「命とは、意味があるときに使って初めて価値がある」と言って、聴衆の前に立ったのです。

「本日は二、三分しか話せません」

と彼は切り出しました。

「とても悲しいニュースがあります。キング牧師が撃たれて亡くなりました。白人の男に銃で撃たれたのです。ここにいるみなさんの心は、白人に対する怒りで震えていることでしょう」

そしてこう続けます。

「しかし、私の家族にも殺された人がいます。白人の男に殺されたのです。みなさんの気持ちはわかっています」

「キング牧師は、白人も黒人もなく、人はみな兄弟、とおっしゃっていました。彼の人生は人を殺す人生ではなく、人を愛する人生でした。

今この国に必要なのは憎しみでも暴力でもありません。必要なのは愛であり、黒人、白人を問わず、苦しんでいる人々へいたわりの気持ちを持つことなのです。

みなさんにお願いします。どうか今夜はそのままお帰りになってください。そしてキング牧師のおっしゃったことを胸に、牧師とその家族のために祈ってください」

このときはキング牧師の暗殺をきっかけにアメリカの六〇もの都市で暴動が起きたのですが、ケネディのこの演説のおかげで、インディアナポリスだけは暴動が起こりませんでした。

彼のスピーチにそれだけの力があったということです。単に話がうまかったということではありません。「私の家族にも白人に殺された人がいます」と言って、聴衆との間に強い共感を築いたことが、演説に力を与えたのです。

図や表にすると一瞬で頭に入る

現代は情報が溢れている社会です。溢れる情報から意味を引き出すためには、読みやすく情報を整理して見せることが必要です。

そのためには図表やグラフ、イラストを使って、情報の中に含まれているメッセ

ニューヨーク→ニューヘブン					
月ー金（祝除く）					
発	着	発	着	発	着
ニューヨーク	ニューヘブン	ニューヨーク	ニューヘブン	ニューヨーク	ニューヘブン
AM	AM	PM	PM	PM	PM
12:35	2:18	2:05	3:45	▼6:25	8:19
5:40	7:44	3:05	4:45	▼7:05	8:56
⋮	⋮	⋮	⋮	⋮	⋮
9:05	10:45	▼4:59	6:53	10:05	11:45
10:05	11:45	X▼5:02E	6:33	11:20	1:05
11:05	12:45	X▼5:20	7:08	12:35	2:18
12:05	1:45	X 5:42	7:26	....	....
1:05	2:45	X▼6:07E	7:46	....	....
PM	PM	PM	PM	AM	AM
土日祝					
AM	AM	PM	PM	PM	PM
12:35	2:18	2:05	3:45	7:05	8:45
5:40	7:37	S 3:05	S 4:45	H 8:05	H 9:45
⋮	⋮	⋮	⋮	⋮	⋮
12:05	1:45	6:05	7:48	12:35	2:18
PM	PM	PM	PM	AM	AM

□オフピーク割引適用外
E=急行　X=128番街にはとまりません
S=土およびワシントン誕生日のみ運行
H=日祝のみ運行　▼=軽食・ドリンクサービス

ニューヨーク（グランドセントラル駅）→ニューヘブン

月ー金（祝除く） ニューヨーク発	ニューヘブン着		土日祝 ニューヨーク発	ニューヘブン着
12.35 am	2.18		12.35 am	2.18
5.40 am	7.44 am		5.40 am	7.37 am
7.05	8.45		⋮	⋮
⋮	⋮			
12.05 pm	1.45		12.05 pm	1.45 pm
1.05	2.45			
2.05	3.45		2.05	3.45
3.05	4.45		3.05 土のみ	4.45
4.01	5.45	オフピーク割引適用外	4.05	5.45
1.41	6.25			
4.59	6.53			
X 5.02	・ 6.33		5.05	6.48
5.20	・ 7.08			
5.42	・ 7.26			
X 6.07	・ 7.46		6.05	7.48
6.25	8.19			
7.05	8.56		7.05	8.45
8.05	9.45		8.05 日のみ	9.45
⋮	⋮		⋮	⋮
12.35 am	2.18		12.35 am	2.18

X=急行　・=128番街にはとまりません

Edward R. Tufte, *Envisioning Information*（Graphic Press LLC, 1990, pp.104-105）をもとに作成

ージをわかりやすく伝えることが効果的です。

政治学者のエドワード・タフティは「情報の視覚化」について研究し、『Envisioning Information』という本を出しています。そのなかで、二つの時刻表を比較して、描き方によっていかに情報が伝わりやすくなるか、を示しました。

上の表は、ニューヨークからニューヘブンに向かう電車の時刻表です。

まず、左側の時刻表を見てください。

平日と週末、到着と出発を分けていますが、時間軸が統一されていません。

左、中央、右の三列に分けられ、それ

ぞれ時刻がずれているのです。しかも枠外には大量の脚注がついています。

電車を使う人たちにとっては、時間軸が最も重要です。またどの時間帯がすいていて、どこが込んでいるかも大事な情報ですが、この時刻表からはそれが読み取れません。

それに比べて、右側の時刻表はだいぶ見やすくなっています。時間軸が統一されているので、時間帯ごとの本数や運行間隔が視覚的に見て取れます。この路線では混雑時（ピーク）とオフピークで料金が違っているのですが、それも視覚的に囲ってわかりやすくし、そのすぐ横に注をつけています。これにより、混雑する時間帯も一目でわかります。

グラフや表をつくる際は、訴えたい情報を強調した描き方をする必要があります。それが時刻表などの使いやすさにもつながってくるのです。

もう一つの例は、左ページの表です。これは二〇〇二年に「泉子の兵法」というタイトルで発表した論文で使ったものです。

当時、小泉改革がうまくいくかどうかが、投資家の間で激しく議論されていました。私は改革の勝敗を分析するのに、古代中国の軍師、孫子の兵法に述べられてい

小泉改革がうまくいくか、「孫子の兵法」で見る

五計	本来の意味	構造改革における意味	泉子の軍	青子の軍	鳩子の軍
道	道徳による統治	統率者と国民の団結	3	0	1
天	天与の条件	景気、株価、世界情勢	2	3	3
地	地勢の利点	政策（税制など）	3	1	2
将	指導者の人事	内閣、上層官僚の人事	1	1	0
法	法秩序	中、下層官僚、議員の従順度合	1	1	0

る勝敗予測法を使いました。

孫子は戦の勝敗を見るポイントとして、五つの要因を挙げています。これが五計です。「道」はすなわち道徳に則った統治を行い、君主と国民の息が合っているかどうか。「天」は天与の条件、構造改革に関しては、景気が良いか悪いかといった、経済指標です。「地」は地勢の利、つまり戦いやすい条件を占めているかどうか。「将」は君主の周りにいる人たちの人事や資質はどうか。「法」は秩序が保たれているかどうかで、この場合は官僚機構や党の下の人たちが指示に従うかどうか。

孫子はこの五つの計で互いの軍を比

較すれば、勝者がわかると述べています。この考え方を小泉政権に当てはめてみました。

小泉側を泉子の軍、抵抗勢力側の代表としては竹下登の後継者と呼ばれた青木幹雄氏を想定して、青子の軍としています。

野党の民主党の代表は鳩山由紀夫氏だったので、これを鳩子の軍として、五計の各項目を一項目四点満点で私が勝手に採点し、合計点を比較してみました。結果は二〇点満点で、泉子の軍は一〇点、青子の軍は六点、鳩子の軍は六点。圧勝とはいかないけれども、おそらく泉子の軍の勝ちであろうと予測したわけです。

孫子は日本や中国だけでなく、欧米でも広く知られています。こうした歴史的、文化的なアナロジーを使って「描く」ことにより、無味乾燥な分析がいきいきとした物語になるのです。

軸を使ってマッピングする

私は仕事上、日本の政治を外国人に説明することがよくあります。さまざまな政治家がいて、多くの派閥があって、ありとあらゆる意見が飛び交っています。とくに頭が痛いのは、同じ政党の中で正反対の意見を持つ人たちがいるということです。これらを含めて、「いま日本の政治はどうなっているのか」を、日本の政治事情に精通していない海外投資家に説明しなくてはなりません。これが大変なことなのです。そこで、出発点としては政策を軸にグループ分けをすることから始めました。

日本だけでなく、多くの国において、一つの軸は「大きな政府――小さな政府」です。極端にいえば、社会主義か資本主義か、ということです。もう一つは「積極外交――消極外交」です。軸のとり方は他にもあるでしょう。しかし、私が専門としている経済分析の視点からいうと、この二軸が基本になります。

非常に複雑な事象や現象を、予備知識のない人にわかりやすく説明するときにまず考えるべきは、「分類」です。そのためのもっとも簡単な方法が対立軸を用いることです。対立軸が二つあれば、四象限できますから、一見複雑なこともかなり整理して見せられます。

さきほどの二軸を使うと、七九ページの図のようなグループ分けが可能です。左下（大きな政府、消極外交）に民主党のいわゆる守旧派があります。昔の社会党のスタンスです。共産党も同じ象限です。左上（大きな政府、積極外交）が自民党の守旧派です。日米関係強化、公共事業推進、の立場です。

最近は、民主党守旧派（旧社会党系）の人たちがだんだんと上へ移動しています。領土問題や北朝鮮の核開発問題などがあり、やはり消極外交ではダメだということになってきているのでしょう。

いま、世界を見渡しても「小さな政府、消極外交」という組み合わせの政策を打ち出している人はほとんどいません。一方で、「小さな政府、積極外交」という政策の人たちは割と多い。日本では小泉政権が典型でした。いまの民主党の改革派、自民党の改革派、みんなの党も、程度の差こそあれ、同じ路線です。

この図で見ると、民主党は左下と右上、自民党は左上と右上にまたがっています。このような状況では政策を基準にして投票することができないので、政党選挙が機能しません。さらに悪いことには、インサイダー政治が横行します。

その点、二〇一一年の大阪の市長選挙は非常に明快でした。選挙では、現職だった平松邦夫さんを、民主党、自民党、共産党が支持しました。図でいうと左下および左上に位置するグループです。対して橋下徹さんは右上でした。大阪市民はこの

日本の政治構成：民主党は思想的には分裂

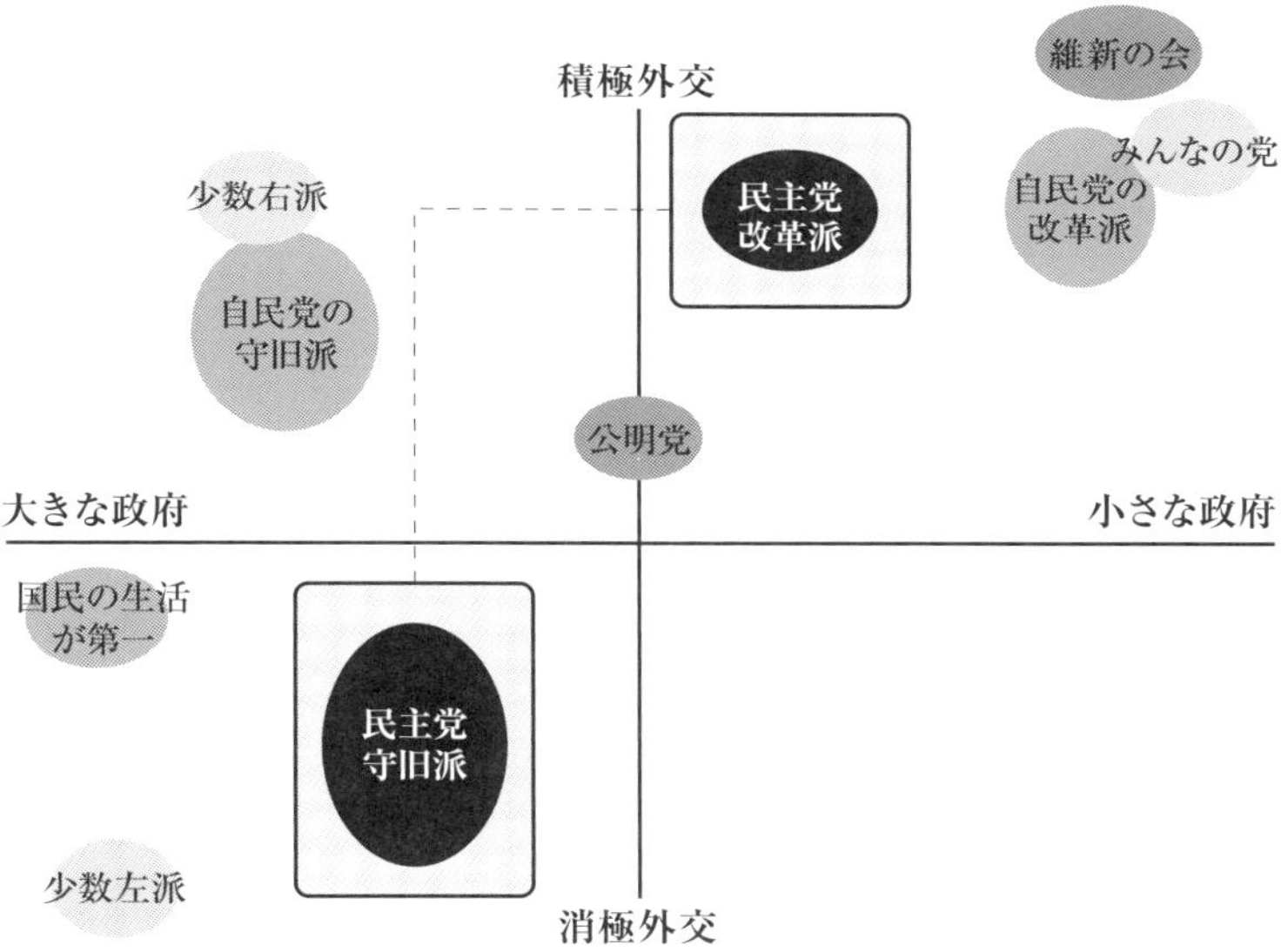

選挙で、少なくとも政府を大きくするか小さくするかの横軸ではっきりした選択肢を提示され、圧倒的多数が右上のほうを選びました。二〇〇五年の「郵政選挙」も似た結果でした。

消費税の問題で小沢さんが新党をつくって出て行ったとはいえ、いまの民主党は左下から右上まで（たとえば横路孝弘さん、前原誠司さん）が入っているので、選挙をしても何も変わりません。それで国民にフラストレーションがたまるのです。野党になった自民党も分裂しています。ですから、民主党か自民党かという選択肢は、極端にいえば見せかけのものです。これが日本の政治が非常にわかりにくい原因なのです。

一見わかりにくい現象も、このように対立軸を使ってマッピングすると、わかりやすく説明することが可能です。

視点、論点を大きく変えて見せる

選挙の話が出たついでに、「一票の格差」という、三〇年以上も議論されている問題のポイントはどこかが一目でわかる方法についてお話ししたいと思います。

一票の格差問題というのは、議員一人当たりの有権者数が選挙区によって違うため、人口が少ない地方ほど一票の価値が高くなり、不平等であるという問題です。これまでは、一票の格差は法の下の平等を定めた憲法違反で、正義を欠くものだという議論が主流でした。一方でこの問題の経済効果について論じられることはありませんでした。

日本は異常に長いあいだデフレ、財政赤字から脱却できていないわけですが、これは日本の国会がもたらした（政治的に）合理的な結果ではないのかという仮説を私は持っています。いまの選挙制度が結局、今の財政赤字・デフレをつくったのではないかということです。

八三ページの図を見てください。横軸は高齢化の指数です。すなわち高齢者の若者に対する割合です。◍と●は都道府県です。一・〇は、六五歳以上の有権者が二〇～三九歳の有権者と同じであるという意味です。一から上だと高齢者が若者より多くて、一未満だとその逆です。衆議院・参議院別、比例区・選挙区は合わせて計算しました。

縦軸は一議席当たりの有権者の数です。右下がりになっているのは高齢化が進んでいるほど議席が取りやすいからです。

二〇一〇年の参議院選において、東京都の比例区（定員五人）で五番当選したのはみんなの党の松田公太さんで、約六五万票取りました。六番目で落選した共産党の小池晃さんは、五五万票でした。一方、鳥取県は、比例区の定員は一人です。一六万票しかなくても、参議院議員になることができます。比較的若い東京の有権者五五万人が、高齢化の進んだ鳥取の有権者に比べて、明らかに発言力がないことになります。

いまの選挙制度は、過疎化の進む地方に有利です。その結果、高齢者の意見が過度に優遇されているのです。これがデフレの根因になっていると考えられないでしょうか。受け取れる金額が決まっている年金受給者にとって、物価が下がることはよいことです。医療費が安いのもありがたい。だからここに手をつけようという候補者は落選する可能性が大です。

二〇一一年三月に、最高裁判所が衆議院に関しては、いまの制度は憲法違反状態という判決を出しました。いまの民主党・自民党は、小選挙区を五つ減らし、比例

高齢化している都道府県ほど1議席当たり有権者数が少ない

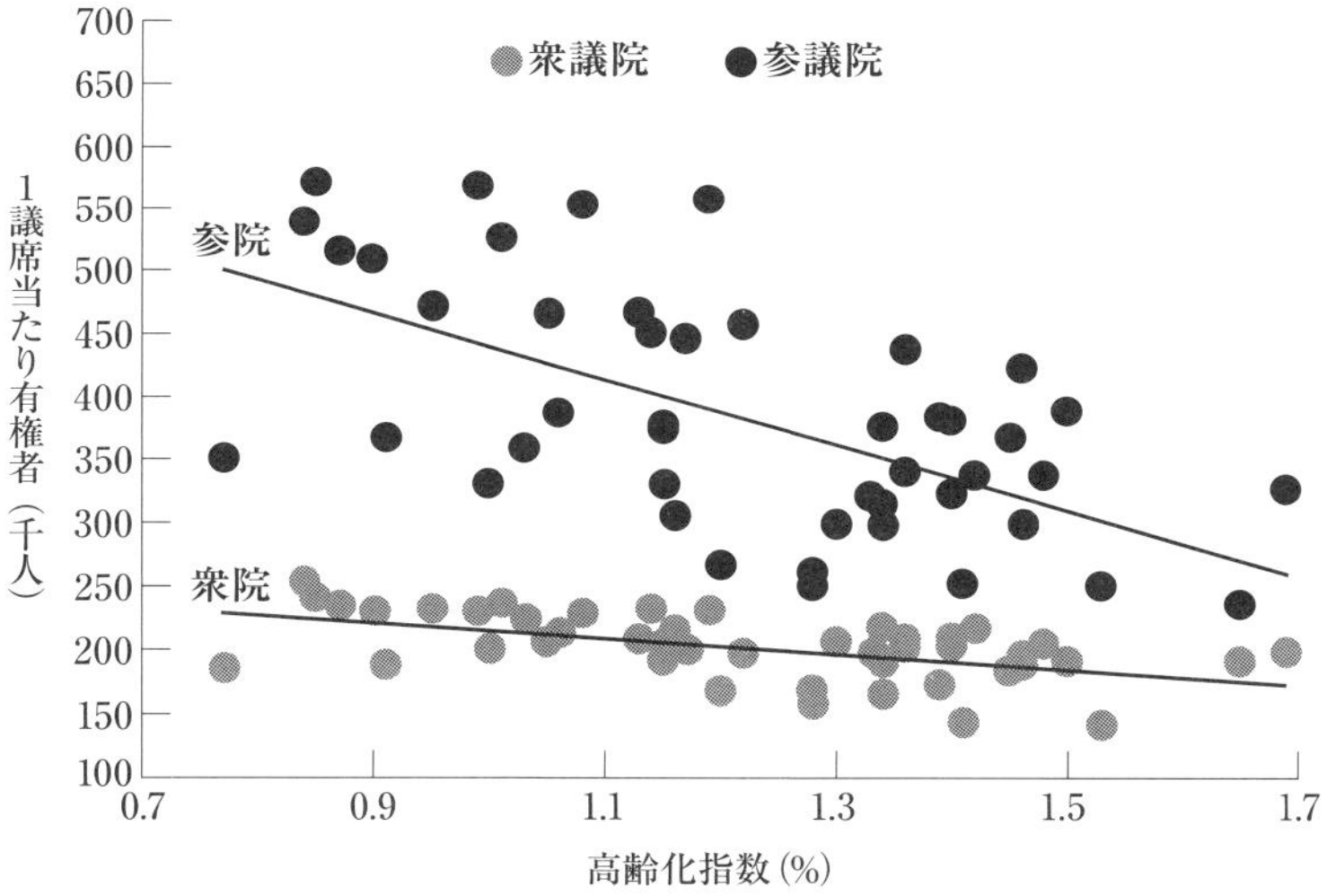

出所：総務省統計局 、モルガン・スタンレー・リサーチ
「グローバル経済 デフレ：アメリカと欧州は日本の道を歩むのか？」
（ロバート・アラン・フェルドマン、9/6/2010）を基に作成。

区は七五人削ろうとしています。これはどう考えても変です。一票の格差は改善しません。比例区は人口比例ですから、いまのままで問題ありません。問題は小選挙区のほうです。小選挙区三〇〇議席を五つ減らし、比例区一八〇議席中七五議席減らすと、加重平均でみた場合、一票の格差は改善されないのです。

いまの選挙制度は正義だけの問題ではなく、経済政策にまで影響を与えていることを、このグラフは表しています。これを一票の格差問題を戦っている市民グループの方に見せたところ「こういう見方はしたことがなかった」と言われました。

ある問題を知り尽くしている人に対して新しい提案をしなくてはならないときには、「定番」「王道」「常識」は通じません。むしろ、自分の立場から見たらこの問題は何の問題なのかを再定義して、独自の視点で分析することをこころがけましょう。相手の問題を自分の土俵にひきこむのです。そうすることで、相手に価値のあるプレゼンが可能です。

第3章

意見の違いを乗り越える

Personal Skill

人間力

この本では、人間力を「いろいろな人々と効果的に付き合う能力」と定義します。人間力は大きく三つに分けられます。

一つ目は会話力、二つ目は交渉力、三つ目は人観力（人を見る力）です。これらを総合して発揮されるのが人間力です。

会話の底流をつかむ

会話は、見かけよりもずっと複雑なやりとりです。一つの会話の中で、同時に三つのレベルでやりとりが行われています。

第一のレベルは、事実についてのやりとりです。これは、「何が起きたのか」についての確認の会話です。一件単純なやりとりですが、それだけに「あなたはこう言った」「いや言ってない」といった対立が簡単に起こる可能性があります。

第二は、起きた事実に対する自分の思いと相手の思いです。「こういうことがあった」という事実認識は同じでも、それが相手にとっては不愉快なことで、自分にとっては歓迎すべきことである場合もあります。このような相反する思いが同じ事実に別の解釈を生じさせ、対立の原因になります。

第三は、品位や自分のアイデンティティに関わる問題です。

相手の言葉で自分の存在価値を否定されたと感じたり、人格攻撃されたように感じることで、感情的な行き違いが生まれます。

例を挙げましょう。

証券業界には定期的に情報誌を出すアナリストがいます。

多くは「今月の○○業界」といったタイトルで、一○○ページ程度の冊子です。それが「参考になる。役に立つ」という顧客がいる一方で、「全然役に立たない」という顧客もいます。営業マンによっては、アナリストのそうした活動をまったく評価しない人もいます。

「こんな長いレポートは意味がない」と言う営業マンがいたとします。それに対してアナリストは、「そんなことはない。役に立つと言っている人は大勢いる」と反論するでしょう。すると営業マンは「いや、私のお客さんには誰も役に立つと言う人はいない」と返します。

アナリストが会う顧客は、「レポートが役に立つ」と言ってくれている人たちですから、「この営業マンの言っていることは事実と違う」とアナリストは考える。

ここまでは事実確認の問題です。

しかしその会話のもう一段深いレベルでは、事実確認とは別のやりとりが起きています。そもそも営業マンが「そんな情報誌は役に立たない」などと言い出すのは、日頃から「このアナリストのレポートは自分の営業を助ける商品になっていない」という思いがあるからなのです。しかし、アナリストは営業マンの苛立ちに気がつかず、「勉強しない営業マンだ」と考える。

ここはお互いの思いのすれ違いの部分です。

一方のアナリストにとっては、「レポートに意味がない」と言われることは、自分のプライドに関わる問題です。アナリストはレポートを出すことが仕事なのです。ところが「そんなものはいらない」と言われたら、「この男は自分の存在価値そのものを否定しているのだ」とアナリストは受け取ります。

しかし実際は、営業マンはアナリストに対して「もっと良い仕事をしてほしい」と思っているだけで、アナリストの存在意義そのものを否定しようとはまったく思っていない。

このように一つの会話の中には何段階ものレベルがあり、その複雑なやりとりの中で望むような結果を出すのは、簡単なことではありません。

事実について話している最中に、次第に雰囲気がおかしくなって、感情的に対立し、話が噛み合わなくなっていくのは、この三つのレベルが混同されてしまうからです。

会話を行う際は、そうした現象を理解したうえで不要な対立を避けなければいけません。

意見が対立する三つの原因

相手と意見が対立する原因は、主に三つあります。

①情報の違い
②解釈の違い
③損得の違い

「情報の違い」は、営業マンとアナリストの例で見たとおりです。営業マンは自分の持っている情報から、レポートの「ニーズはない」と思っています。アナリストは自分を評価してくれている顧客の情報から「ニーズはある」と考えています。正確な情報を得るべきです。

「解釈の違い」は、同じ情報から違う絵が描けることから生じます。つまり、第一章で見た「情報のつなぎ方」の違いが意見の違いを生みます。

「損得の違い」とは、「どうなれば自分は得をするか」という立場の違いです。同じ事実に対して同じ解釈をしていても、ある人は黒と言い、ある人は白と主張します。これはそれぞれの損得勘定の違いから出てくる意見の対立です。

大事な会話をするときは、前述の「三つのレベル」を意識することです。そのためには相当な準備が必要です。

まず、正確な情報を手に入れることです。自分にとって有利な情報も不利な情報も集めましょう。次に、自分の描いているストーリーだけでなく、相手側のストーリーも想像してみましょう。そして、相手の損得勘定を理解することです。

「これは難しい事態になるかもしれない」と予想される会話を始める前には、十分に準備しておく。必要であれば、会話を延期して準備の時間を取るべきです。

交渉を成功させる基本原則

会話と似て非なるのが交渉です。会話が相互理解を深めるものであるとすれば、交渉は相手と合意を形成するためのものです。交渉力とは、互いに合意できる結果を生むスキルです。

私がお手本としているのは、ロジャー・フィッシャーとウィリアム・ユーリーの『Getting to Yes』という本です。『ハーバード流交渉術』というタイトルで、日本語にも訳されています。

フィッシャーは一九二二年生まれ。軍人経験を持ち、弁護士からハーバード・ロー・スクールの教授になりました。フィッシャーには、自分とともに戦って戦死した友人がいました。彼はそれを見て「なぜあれだけ大きな争いになってしまったのか」を考えたのです。また、弁護士として多くの裁判を経験するなかで、必要のない争いをどうやったら避けることができるかを考えました。

フィッシャーは交渉において四つの基本的原則を挙げています。

第一は、人と問題を分けること。日本にも「罪を憎んで人を憎まず」という言葉があります。

第二は、姿勢より利益を強調すること。相手の提案そのものより、相手にとっての利益に注目するのです。

たとえばデートで恋人から、「映画を観たい」と言われたとしましょう。実は自分は暗い所が嫌いなので、できれば行きたくない。しかしそこで単に「行きたくない」というのではなく、相手にとって映画に行くことの利益は何か、を考えるのです。相手は本当に映画を観たいのか。それともあなたと一緒に何かしたいと思っているだけなのか。後者であれば、映画を観る、観ないで争う必要はまったくありません。

第三は、双方の利益となる選択肢を見いだすこと。自分の利益と相手の利益を理解したうえで、双方の利益が達成できる選択肢を考えるのです。

「映画もいいけど、美術館もあるし、おいしい店も知っているよ」と、一種のブレインストーミングのように、いろいろなアイデアを出してみる。うまくいけば、お互いがハッピーになる可能性が出てきます。

第四は、進捗は測定可能な基準で評価すること。これは、交渉が「進捗している」ことを確認するためです。

進展しない交渉は割れてしまい、それによって交渉以前より事態が悪くなる可能性があります。たとえば六カ国協議は、この「測定可能な基準」が設けられないために、何度も暗礁に乗り上げてしまいました。交渉相手との信頼関係を築くためには、明確な測定基準は不可欠です。

フィッシャーの交渉の四つの原則は以上です。私の経験でも、この四つの原則を守って交渉を進めると、大抵よい結果につながりました。加えて、締切りを明確にすること、その締切りを守らない場合はどうなるかを明確にすることも役に立つでしょう。

さらに、フィッシャーが提唱した「ＢＡＴＮＡ」という言葉があります。

これは「Best Alternative To a Negotiated Agreement」の頭文字を取ったものです。これは「交渉が割れた場合の最善の選択肢」のことで、日本語でいう「次善の策」に近い考え方です。

交渉の前にはあらかじめ自分のＢＡＴＮＡを考えておきます。その内容がよければば、交渉の際の自分の立場が強くなり、交渉力が上がります。また、どの時点でBATNAに切り替えるかという引き金も決めておきます。

一九八〇年代半ばに仕事でスリランカに出張していたときのことです。お土産屋さんで、どう見ても高過ぎる三〇〇ルピーの彫刻を一五〇にまけてくれと言ったのですが、断られました。そこで、「じゃあ、いいです」と車に乗ろうとしたら急に店員の態度が変わって一五〇ルピーに下げてきました。

その交渉では私のBATNAは「買わない」でした。買わなくてもいいと決めたことが、私の交渉力を高めたのです。交渉では、BATNAの内容がよくなければ、相手から強いプレッシャーをかけられてしまいます。あらかじめ代替策を考え、それに切り替えるポイントも考えたうえで交渉に臨むことが、交渉を成功に導くコツです。

交渉の過程では、「水をもって火を制す」ということも覚えておくといいでしょう。相手が反則気味の手を使ってきたときなど、同じ汚い戦術でやり返すのではなく、互いにエスカレートするのを止めるような別な戦術を使うのです。

私がIMFに勤務していた時代、現地での作業手順を決める原稿をつくっていたときのことです。私が書いたものに対して、イギリス人の同僚が「文法が間違っている」と言い出しました。「お前たちアメリカ人は文法がわかっていないのか」と、かなりきつい言い方をしたので、チーム全体がしらけた雰囲気になってしまいました。

そこで私は、ストレートに反論するのではなく、

「文法は間違っているけれども、大英帝国を失ったのは誰だ？」

と、冗談で返したのです。たまたまそのとき私たちのチームにいたのは、フランス人やハンガリー人など、「帝国を失った国」の人たちばかりでした。みんな「そのとおりだ！」と笑い出して、雰囲気はなごみ、口論もエスカレートせずにすみました。その後、このイギリス人と私はよい友達になりました。

交渉においては、こういう一触即発の状態になることはよくあります。相手の挑発に乗らずに、それた話を軌道修正することも大切なスキルです。

ただ、相手が汚い手を使ってきたときには「頭を下げない」ことも大事です。頭を下げてしまうと相手はつけあがります。しかし単純に言い返すと口論になってしまう。そこをどうするか。

こんなときは、ルールをはっきりさせることが肝心です。二〇〇八年の米大統領選では、民主党の指名争いをめぐって、候補者たちはネガティブ・キャンペーンを多用して、激しくお互いの足の引っ張り合いをやりました。しかしバラク・オバマ候補だけは「米国民はそういう泥仕合はもううんざりだと思っている。だから私はやらない」と宣言しました。以後は民主党の他の候補者が彼の悪口を言っても、反応しようとしなかったのです。

挑発に乗らない一方で、「挑発はダメだ」とはっきり言うことも大事です。

人を見極める力

チームを組むときの人選については無数の基準がありますが、ここでは私の考えを述べましょう。

軸は二つだけ、「協調性」と「能力」です。これについても二つの軸で図を作り、各タイプごとの特性と扱い方を考えてみます。

まず、能力があり協調性もある人。これは理想の人材です。こういう人は自然にリーダーになります。

次に、能力はあるけれども、あまり協調性がない人。いわゆる一匹狼タイプです。こうした人も重要な存在ですが、あまり度が過ぎると組織にとって害になります。その場合には害が他のメンバーに及ばないよう、コーチングなどを通じて、他の人とうまく協力できるよう指導する必要があります。

そして、協調性はあるけれども、能力があまりない人。こういう人は、まじめに働きますが、指導してもパフォーマンスが改善されない場合は、別の仕事に移ってもらうことになります。同じ会社の違う部門で働くことで、非常に力を発揮してくれる場合もあるからです。

残念なことですが、なかには協調性もなく、能力もない人もいます。そういう人には「辞めてください」と言うしかありません。厳しいようですが、その方が辞める人にも残る人にもプラスです。その人が残れば会社全体の基準が下がってしまいますし、本人にとっても、自分の本来の居場所でないところに縛りつけられることになります。それでは次の人生が始められません。

腹を括ってはっきりメッセージを伝えること、これも人間力の一つです。

二種類の人間

「人間には二つの種類がある。ＡとＢだ」という場合、ＡとＢの組み合わせはいく通りもあるのですが、私がとりわけ日本人にあてはまると思うＡとＢは「なぜできないかを考える人」と「どうやってできるかを考える人」です。

日本人に限らず、「なぜできないか」タイプの人のほうが数的には多いといえるでしょう。誰かが「じゃあ、こうしましょう」と言うと、こぞって「できない理由」をまくしたてる。

ある意味では問題を指摘することは大事なことです。たとえば取締役会で、会長や社長がやりたいということを何でもかんでも「やりましょう」と言って通していたら、会社はおかしくなってしまいます。でも、「なぜできないか」を言う人ばかりだと何も進みません。なぜできないかを言う人と、どうやってできるかを言う人のバランスが大事なのです。

「なぜできないか」と言う人のなかにも、二種類あります。

◉目的は賛成だが、方法がわからないから無理ですと言う人
◉目的に反対だからできない理由をあげつらう人

それに関して思い出すできごとがあります。

小泉元総理大臣は、現役時代、政府系金融機関を整理して、一つにしようと考えていました。いくつもあると天下りポストが増えるだけで、業務は重複するし、税金の無駄遣いになるからです。それで経済財政諮問会議の民間議員が総理の意図が入っている案を提出しました。しかし財務・経産大臣たちが反対して「なぜできないか」を繰り返しました。役人の天下りポストを減らすと役人たちの気を損ねていやがらせをされるからです。

結局、大臣たちの「できない理由」は、目的を阻止するための方便でした。さきほどの分類でいうと後者です。小泉総理はそれを聞いて激怒しました。両手でテーブルをガーンと叩いて、「この会はなぜできないかということを話し合うための会ではない。どうやってできるかということを、一週間かけて考えて、戻ってこい」

と命令したそうです。二週間後に諮問会議がもう一度集まって、こんどは「できます」ということになりました。

もう一つ、例を挙げましょう。

このほど東京大学が九月入学を導入することになりましたが、反対意見がいろいろ出るだろうということで、入念な根回しをしたそうです。たとえば経団連をどうやって説得するか。九月入学の学生を企業が雇わなければ失敗してしまいます。しかし、たまたま企業側も九月入学は歓迎でした。グローバル人材が採りやすくなるからです。

九月入学にはもう一つ問題がありました。高校を三月に出て、九月に入るまでの間、誰が学生を経済的にサポートするのかという問題が出てきます。これに対して、東大の濱田純一総長は、有効にこの六カ月を使うような資金を調達したり、奨学金を出したりすればいい、あるいはインターンとして働いてもいい、という提案を用意していました。「どうやったらできるか」を積み重ねていった結果、九月入学に対しては傍目には驚くほど反対意見が出ませんでした。

目的そのものに反対だからできない理由をあげつらう人と、目的には賛成だけれどもやり方がわからなくてあきらめている人は、同じ「反対派」であってもじつは全然違うのです。それを見極め、前者には強いリーダーシップをもって、後者には現実的な提案をもって臨むことが重要です。

第4章

下品になってはいけない

Numeracy

数字力

数字の世界になってきた

いまの時代、数字を扱う力はあらゆる分野でますます必要とされています。

一〇〇年前、物理学では既に数学を使うことが一般的でしたが、経済学の分野ではほとんど使われていませんでした。しかしいまや経済学の専門書は、経済学なのか数学なのかわからないぐらい数式だらけです。同じように、五〇年前には、政治学ではほとんど数学は使われていませんでした。しかし現在ではゲーム理論や計量分析を使った政治学の研究が急速に増えています。

いまから一〇年後、二〇年後にはもっと多くの分野で、いま以上に数字と数学の力が必要とされているでしょう。ただ、数字、数式を使うときには注意が必要です。

私は学生時代に経済学の先生から、

「数学はトイレと同じだ」

と言われたことがあります。

「人間であるかぎりトイレは使わないわけにいかないが、人前でトイレのことは話さない。数学も同じだ。人前では話さない」

つまり数学は、たとえそれを使って分析していても、あまり露骨に示すべきではなく、他の人たちが簡単に理解できるよう工夫して、品よく話す必要があります。

その意味では必要とされているのは数学力というより、うまく数字を使いこなす力、「数字力」と言うべきでしょう。

なぜ経営者は数値目標を嫌うのか

数字を使う利点はどこにあるのでしょうか。

第一に、わかりやすいこと。

第二に、客観性があること。

この二つがポイントです。

例えば経営や政治で使われる「数値目標」というものがあります。

二〇〇三年から二〇〇四年にかけて、国民年金の改革が議論されました。最初は厚生労働省から「数%負担率を上げることで、現役時代の所得の五五〜五六%を給付できます」といった、さまざまなシミュレーションが提示されていました。負担増で給付の現状維持が狙いでした。

しかし議論の中で小泉総理が「現役時の所得の五〇％を給付する」と指示を出し、その一声で給付割合が決まったのです。この指示以後、年金改革は急速に具体化していきます。その意味で最初に給付割合を決めたことは大成功でした。

なぜ五〇％で、四九％ではないのか。実際、明白な根拠はありませんでした。しかし五〇という数字は目標として非常にわかりやすく、トップが数字で目標を定めたことによって、すべての組織がその方向に向かって動き出すことができたのです。

政治の世界でも経済の世界でも、リーダーの多くは数値目標を嫌います。それは数値を達成できたかどうかが、自分に対する評価基準になってしまうからです。

たとえば、年金基金連合会は自らの投資基準として、投資先企業のＲＯＥ（株主資本利益率）という数値目標を掲げました。投資家の側から見れば、「収益がいくら出たか」という数値を投資する際の指標とすることは、企業の経営状態を見るための一つの視点を持つことであり、その企業に投資をするか否かを決定するうえで非常に有効です。

これに対して経営者たちは一斉に反発したのです。投資基準として明確な数値目標を掲げられては、自分たちが投資家の求める基準をクリアできたかどうか、当の投資家以外の人たちにも一目でわかってしまうことになるからです。

一方、数値には客観性があって、見解の相違が入り込む隙間がありません。言い逃れがきかないので、自信のない経営者は数値目標を課されるのが大嫌いなのです。

経営者だけでなく、自信のないマネジャーたちも数値目標は嫌いです。自分の管轄するセクションが目標未達なら、それが自分の責任になってしまうからです。

数値の危険性

ただ、数値目標にも欠点はあります。

まず、「本当に望ましい行動につながるのか」という問題があります。数値が自己目的化してしまい、目標を速やかに達成するために、本来あるべき行動がねじ曲げられてしまう危険性があるのです。

例を挙げましょう。

証券会社が所属のアナリストを評価する際のデータに、「新聞や雑誌の人気投票」があります。しかし私の職場では、アナリストを評価するとき、こうしたデータは控えめに使います。本来なら自社の顧客のほうを向くべきアナリストの視線が、ランキング入りが目標となる危険があるからです。会社にとってはアナリストの一般人気がいくら高くなっても、自社の顧客の利益につながらなければ意味がないのです。

数値はまた、気づかないうちに操作されている可能性があります。厚労省の国民保険に関するデータは、その好例です。同省によれば、数年前、国民保険の未納率は低下していました。本当にそうであれば、祝うべきことですが、数字をよく見ると、納付免除の対象者が増えていたのです。つまり払っている人の数も払っていない人の数も変わらないのに、「払うべき義務のある人」という分母を減らして、納付率が向上したように見せていた――。これは数式定義による一種の粉飾です。

このように企業や公的機関の出してくる数字は、時に批判から逃れることを目的として操作され、結果として実態とかけ離れたものになっている場合があります。それに気づかずに投資や政策提言を行うと、大失敗する恐れがあります。

年金支給額や価格決定の際に使われる、複雑な方程式にも注意が必要です。数式を隠れ蓑にして好き勝手な行動をする人が出やすいからです。社会保険庁で職員の不正が頻発した原因の一つは、年金額を算出する方程式が複雑すぎたことにあります。誰がいくら払い、誰がいくらもらえるのか。制度が複雑すぎて専門外の人たちに理解できなくなり、監視の目が行き届かなくなってしまったのです。

「わざとわからない数式を使って、ごまかしているのではないか」と感じたら、「こちらにわかる言葉で説明してくれ」と要求しなくてはなりません。

「数字の精度の虚偽」も注意すべき点です。

世の中には一見正確に見えても、実は非常に大ざっぱに計算された数字がたくさんあります。たとえば経済成長率がそうです。

新聞紙上などでよく「今四半期の日本経済はX・Y％の成長だった」などとして経済や景気の動向を論じていますが、注意が必要です。なぜなら経済成長率の数字は、算出ベースとなるGDP集計の段階が非常に粗く、小数点以下の数値などほとんど意味はないからです。二〇〇五年度の経済成長率は、政府の最初の暫定値は三・三％でした。ところが確定値は二・四％になっていました。こういう正確ではない数字を鵜呑みにして経済政策を論じていると、大変な間違いを犯すことになりかねません。

物価指数も同様です。物価指数の場合、最近になって一般化した商品やサービスがなかなか指数に入ってこないという問題があります。たとえばパソコンが統計に入ってきたのは二〇〇〇年（二〇〇二年から施行）のことです。消費パターンは年々変わっていくので、何もしなければ統計数字と消費者の実感との乖離はどんどん大きくなります。

自分が使っている数字が本当に正確なのか、注意を払わなくてはなりません。

複雑怪奇な政治も数字でスッキリ

数字は、思考を整理するうえで非常に有効です。誰にでも使えて、思考の整理に役立つ数字の使い方をいくつかご紹介しましょう。

最初はゲーム理論です。これは、複数の参加者がいるゲームで、最大の利益を得るためにはどのように意思決定すればよいかを、数字を使って考えるツールです。

以下は私がこれまで論文に使ったケーススタディです。

二〇〇五年の春、郵政三事業の民営化法案が参院で否決されそうになっていました。

そこで「民営化法案が否決された場合、小泉総理が衆院を解散して総選挙を実施するかどうか」という議論が起きました。

永田町にくわしい政治評論家たちは解散総選挙は「九九%解散はない」と否定的でした。参院で法案が否決されて衆院を解散した前例がなかったからです。

一方、私は「解散する」という予測を立てました。ゲーム理論によって小泉首相の立場を検討した結果、法案否決なら解散がベストの選択であるという答えが出てきたからです。

このとき使ったのが次ページの図です。

ゲーム参加者を小泉総理と郵政民営化反対派の二者とし、それぞれが主張を堅持した場合と妥協した場合の四つのケースに分けて、互いの損得を論じています。

それぞれのケースについて見てみましょう。

まず、小泉総理が主張を堅持し、民営化反対派も反対を堅持する場合です。この

ゲーム理論で
2005郵政解散・総選挙を予測する

		民営化反対派 主張堅持	民営化反対派 妥協
小泉首相	主張堅持	2，-3	4，0
小泉首相	妥協	-4，1	-4，0

場合、「法案は否決」「解散は実行」ということになります。国民が総理を支持しているとなると、選挙では総理側が議席を増やし、反対勢力が議席を減らすという結果が予想されます。つまり総理がプラスで反対派がマイナスです。

次に、総理が主張を堅持し、民営化反対派が妥協する場合。参院で法案が可決され、解散・総選挙が行われないケースです。ここでは小泉総理はプラスですが、改革派もさほど損はしません。なぜなら議席はそのまま残り、国会で勢力を減らすことはないからです。

そして、小泉総理が妥協し、反対派が主張を堅持する場合。法案は否決されるが解散はしないという選択です。総理には大きなマイナスであり、事実上「小泉政権は終わった」となるでしょう。反対派は小さな得をするだけに終わります。

最後に、両方が妥協する場合。国民は失望し、総理には大きなマイナスとなるでしょう。

結局「反対派がどう出ようとも、総理としては主張を堅持するほうが得だ」ということが、このマトリクス全体から読み取れるのです。反対派がとるべきスタンスは、総理をどう読むかで決まります。

結果はご承知のとおり、反対派が総理を読み違えて法案否決、解散、総選挙となりました。ゲーム理論で予測したとおりの結果になったのです。

ゲーム理論を現実に適用するときの問題点は、ケースごとの得点をどう決めるかです。得点を決める明確な基準はなく、今回の各マトリクス内の得点も、私が独断で決めたものです。重要なのは細かな点数の違いではなく、結論です。上記の場合で言えば「総理は主張を貫くほうが得」という結論を導き出せれば、各ケースの点数配分が上下しても大勢に影響はありません。

ゲーム理論は適切な意思決定を行うための手段であり、「世の中は自分の願いどおりに動く」と自己暗示をかけるための道具ではありません。ですから各ケースにおける得点の決め方も、自分がそうあってほしいという希望から出た数字ではなく、根拠のある数字を使わなければなりません。

実践で役に立つ数字の使い方をもう一つご紹介します。それは、決定木（decision tree）というものです。決定木とは、「決定」や「選択」が繰り返し行われる場合、その「分岐の繰り返し」を階層化して樹形図（tree diagram）の形に描いていくものです。

左の図は、小泉政権成立から三年目、二〇〇四年の参議院選挙についての決定木です。この選挙の際の内外の投資家の関心は、「選挙の結果によって小泉改革のスピードはどう変わるのか」という点にありました。従って、選挙の勝敗だけでなく、それに続いて起こる可能性のある指導者交代も大きな要素となります。いろいろな可能性が考えられました。選挙を通じて改革のスピードはどれくらいの確率でどう変わるのか。それを予測するために決定木を描いてみたのです。

最初のステップは、選挙で自民党が勝利するか敗北するかです。ここでは七対三で自民党が勝利する、と仮定しました。自民党勝利の場合、大差の勝利か僅差の勝

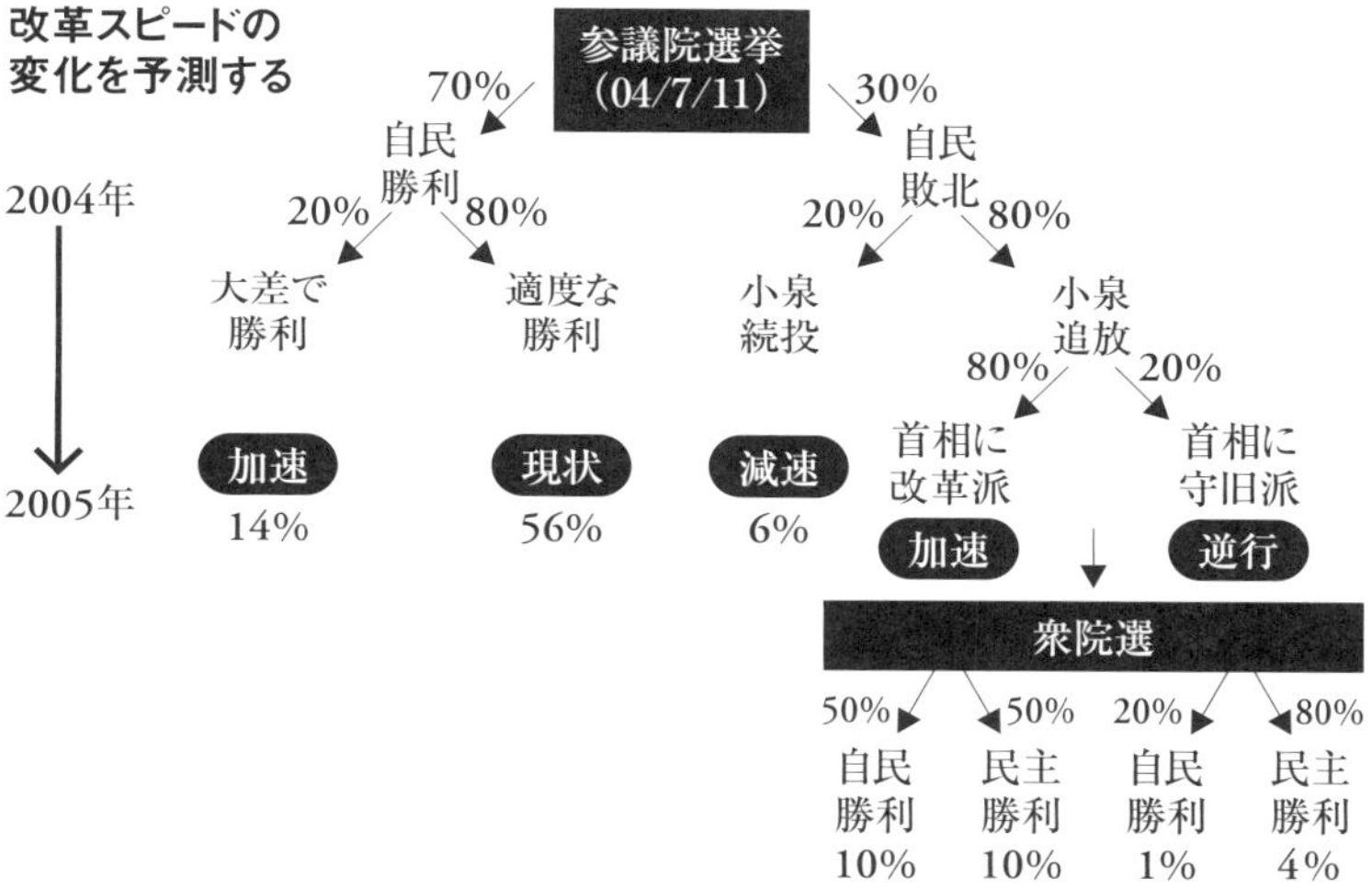

利かも改革スピードに影響するので、そこでも分岐をつくり、確率を考えます。

一方で自民党が敗北した場合に考えられるのは、小泉政権継続か、交代かです。交代ならその後任に改革派が就任するか、守旧派が就任するかも問題になります。

それぞれの確率には議論の余地がありますが、大ざっぱに確率を決めて計算した結果は「改革が加速する確率が一四%、そのままが五六%で、減速は六%」でした（残る二四%はどちらともいえないケースでした）。

言い換えれば「改革スピードは現状

のまま維持される可能性が高い」が結論です。

私は自分の計算結果を示したうえで、顧客に意見を聞きました。各分岐について「ここは二対八じゃなくて一対九だろう」「五対五と見るべきだよ」といった議論をして、そうした意見を採り入れて計算し直してみました。

問題は決定木の各分岐の確率を変えたとき、最終的な結論が変わるかどうかです。今回の場合、顧客の意見を入れて確率を変えても、「改革スピードは変わらない可能性が高い」という結論に変化はありませんでした。それがわかると顧客も納得してくれるわけです。

事態を変化させる要素が多く、世の中がどうなっていくか直感的にはわからないとき、決定木は見通しをつけるのに非常に役立ちます。

左ページの表は数字力の応用の四番目の例です。

日本の政治の世界では「衆議院はリベラルで、参議院は守旧」という指摘があります。特に農業政策に違いがあるようです。これはなぜか。

私は一つの仮説を立てました。

衆議院では一九九六年から小選挙区比例代表並立制が導入され、その際、地方と

参議院議席配分

	ドント方式（有権者比例）	実際の議席配分 2004年	2007年	合計	差	
東京	16	4	5	9	-7	
神奈川	11	3	3	6	-5	
大阪	11	3	3	6	-5	
愛知	9	3	3	6	-3	
千葉	8	2	3	5	-3	
北海道	7	2	2	4	-3	
兵庫	7	2	2	4	-3	
埼玉	9	3	3	6	-3	
福岡	6	2	2	4	-2	
静岡	5	2	2	4	-1	-35
愛媛	2	1	1	2	0	
鹿児島	2	1	1	2	0	
熊本	2	1	1	2	0	
三重	2	1	1	2	0	
岡山	2	1	1	2	0	
山口	2	1	1	2	0	0
秋田	1	1	1	2	1	
青森	1	1	1	2	1	
福井	1	1	1	2	1	
群馬	2	2	1	3	1	
広島	3	2	2	4	1	
茨城	3	2	2	4	1	
石川	1	1	1	2	1	
岩手	1	1	1	2	1	
香川	1	1	1	2	1	
高知	1	1	1	2	1	
京都	3	2	2	4	1	
宮城	3	2	2	4	1	
宮崎	1	1	1	2	1	
長崎	1	1	1	2	1	
奈良	1	1	1	2	1	
新潟	3	2	2	4	1	
大分	1	1	1	2	1	
沖縄	1	1	1	2	1	
佐賀	1	1	1	2	1	
滋賀	1	1	1	2	1	
島根	1	1	1	2	1	
栃木	2	2	1	3	1	
徳島	1	1	1	2	1	
富山	1	1	1	2	1	
和歌山	1	1	1	2	1	
山形	1	1	1	2	1	
山梨	1	1	1	2	1	27
福島	2	2	2	4	2	
岐阜	2	2	2	4	2	
長野	2	2	2	4	2	
鳥取	0	1	1	2	2	8
合計	146	73	73	146	0	0

衆議院議席配分

	ドント方式（有権者比例）	実際の議席配分 2005年	差	
東京	31	25	-6	
神奈川	22	18	-4	
大阪	22	19	-3	
愛知	17	15	-2	
千葉	15	13	-2	
北海道	14	12	-2	
兵庫	14	12	-2	
埼玉	17	15	-2	
福岡	12	11	-1	
静岡	9	8	-1	-25
秋田	3	3	0	
福島	5	5	0	
岐阜	5	5	0	
群馬	5	5	0	
広島	7	7	0	
茨城	7	7	0	
京都	6	6	0	
長野	5	5	0	
新潟	6	6	0	
大分	3	3	0	
栃木	5	5	0	
山形	3	3	0	0
青森	3	4	1	
愛媛	3	4	1	
福井	2	3	1	
石川	2	3	1	
岩手	3	4	1	
香川	2	3	1	
鹿児島	4	5	1	
高知	2	3	1	
熊本	4	5	1	
三重	4	5	1	
宮城	5	6	1	
宮崎	2	3	1	
長崎	3	4	1	
奈良	3	4	1	
岡山	4	5	1	
沖縄	3	4	1	
佐賀	2	3	1	
滋賀	3	4	1	
島根	1	2	1	
徳島	2	3	1	
鳥取	1	2	1	
富山	2	3	1	
和歌山	2	3	1	
山口	3	4	1	
山梨	2	3	1	25
合計	300	300	0	0

都市部の議席配分が見直されています。それまであまりにも一票の重みが違っていたため、地方から都市部に議席を再配分したのです。

しかし参議院に関してはそうした選挙区割りの大きな再編が行われていません。それによって、参議院のほうが地方代表議員が多くなっているのではないか、と考えられます。

自分の立てたこの仮説を、数字を使って検証してみることにしました。

純粋な有権者比例で議席を配分した場合と、現実の議席配分を比べて、都市部と地方部でどれくらいの差が生じているのか、両院を比較したのです。有権者比例の議席配分方式としてはおなじみの「ドント方式」を採用しました。当時の衆議院の場合、日本全体で三〇〇の小選挙区がありました。そのうち東京都の議席数は、有権者比例なら三一議席になるはずです。しかし現実には二五議席しかありません。有権者比から見て六議席少ないのです。さらに都市部全体では二五議席足りません。これは三〇〇議席の中で、率にすると八％程度となります。

参議院ではこの差が断然に大きくなります。まず有権者比例なら一六あるはずの東京都の議席は、実際には九議席しかありませんでした。参議院選挙区の一四六議席のうち、都市部の足りない議席数が三五。率にして二四%にもなります。

仮説は以上をもって検証されたと私は考えました。

つまり小選挙区制導入の際に議席配分が見直された衆議院と、そうした見直しがほとんどない参議院で、都市部と地方部の議席配分に大きな差が出ている。この議席配分の差が、参議院のほうが衆議院より農業政策面などで守旧的となっている原因と考えられます。

さらに言えば、参議院に比べれば改革的である衆議院でさえ、有権者比例の原則から見て地方偏重の議席配分となっており、日本の有権者の総意に比べて守旧的となっている可能性が高いのです。

インフレはいい? 悪い? 弾性値で考える

二〇一一年の二月のことです。私は日銀の友人と話をしていました。日銀がなぜ果敢にインフレ・ターゲットを設定して、それに向かって措置を取らないのか、すでに二〇〇六年から、インフレ一%を目指すということになっているのに、なぜ動かないのかを尋ねたところ、彼は「そんなことをやったら、危な過ぎますよ」と反論しました。

「自分で言っている目標を目指すことが危ないの?」と突っ込むと、「われわれが本気だということを見せたら、長期金利が急上昇して、国債の利払いが上がる。それによって、赤字がどんどん悪化して負のスパイラルが起こるから、慎重にやらないといけない」という答えでした。

私は納得できませんでした。問題点はいくつかあります。

一つはほんとうに長期金利が急上昇するのかということです。インフレがほんとうになれば金利は上がるでしょうが、日銀がインフレ・ターゲットを設定すると言っただけで、金利が上昇することはないと私は思います。

もう一つは税収です。インフレになれば、税収も増えます。税収の増加額が利払いの増加額より大きければ、赤字が減ります。単純な話です。

前者を図にしたのが左ページの図です。インフレ率が上がると債券利回りが上昇し、借入れコストが上がります。一方で、名目GDPも増え、結果、税収も増える。その差額が財政赤字の増減になります。

インフレが功を奏すか、あるいは財政赤字を増やすか→弾性値次第

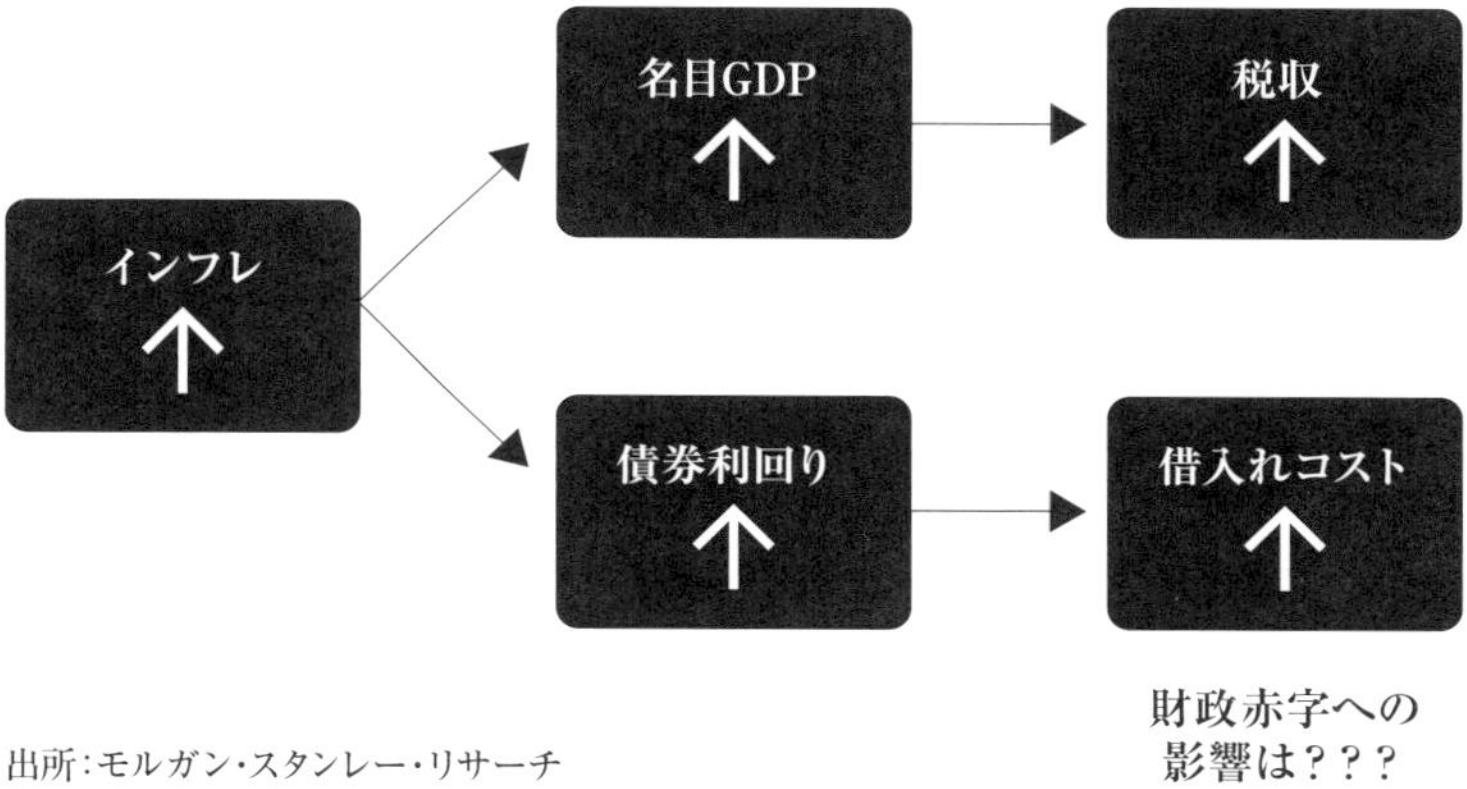

出所：モルガン・スタンレー・リサーチ

　では、インフレ率が上がると借入れコストはどれだけ上昇するのでしょうか？

　インフレ上昇のときの利回り反応度を「弾性値」といいます。弾性値が大きい、つまり少しでもインフレになると利回りが大幅にアップする場合は、私の友人の「インフレ・ターゲットは危ない」という反論も一理あるでしょう。逆に、弾性値が小さい場合、つまりインフレになっても利回りがわずかしか上昇しなければ、その反論には一理もありません。

　インフレ率が上がった場合の平均金利の弾性値を計算するためにつくったのが次の方程式です。

$$r_t = a + br_{t-1} + c\pi$$

等式の左側は、t年の平均利回り（利払いを借入総額で割ったもの）です。aは定数項、とりあえず無視してもらって結構です。r_{t-1}は前年の平均金利です。bは「慣性度合い」ですが、昨年の利回りと今年の利回りの関係を表します。πは今年のコアコア消費者物価上昇率、すなわち生鮮食料品・エネルギーを除く消費者物価の上昇率です。肝心な弾性値はcです。消費税アップの影響は除きます。コアコアをなぜ利用するかというと、賃金に近いからです。総合消費者物価は、日本が生産しないエネルギーが入っているので、インフレ指標として不適正です。原油が上がると総合消費者物価指数は上がりますが、これはインフレではない。賃金が下がる環境だからです。

この方程式に一九八一年から二〇〇九年の数字を入れて計算してみると、消費者物価πが一ポイント加速した場合、平均利回りが〇・二五ポイント上昇することがわかりました。つまり、消費者物価が一ポイント上がっても金利は一ポイント上がらない、つまり弾性値が小さいということです。よって、インフレ・ターゲットをやるといった瞬間、長期金利がドーンと上がるようなことはないといえます。

インフレになると税収も増える

では、次に税収の話にいきましょう。こちらのほうはよりシンプルな話です。

インフレ率が上がった場合、税収はどうなるでしょうか。税収が十分に増えれば、赤字は増えるどころか縮小します。税収がどれだけ増えるかを論じるには、やはり「税収のインフレ弾性値」を見ます。

たとえばインフレ率が一ポイント上がったときに、政府収入――これを「税収」とします――が何%上昇するか。消費者物価が一%上がった場合、税収が二%上がった場合、消費者物価上昇率より税収増加率のほうが大きいので、弾性値が高いということになります。

一二五ページの図を見てください。三つの折れ線はそれぞれ名目GDPの伸び率、政府歳入（税収）の伸び率、税収のうち、所得と法人税だけの伸び率です。

一九九〇年以前の本格的デフレになるまでは、名目GDPが一番下にきています。

税収の伸び率は必ずＧＤＰの伸び率より高い。法人税だけを見るより高くなります。すなわち弾性値が十分高いということです。

政府歳入の伸び率をＧＤＰの伸び率で割ると、だいたい一・三倍、つまり弾性値が一・三です。所得・法人税の伸び率を名目ＧＤＰの伸び率で割ると二・〇。非常に高い弾力性です。

では、九〇年以降はどうでしょうか。曲線の動きがかなり激しくなっています。名目ＧＤＰが加速すると、所得・法人税の税収はさらに加速し、ＧＤＰが極端に減速すると、法人税・所得税がさらに減速します。

以上のことから、インフレによる利払い増がインフレによる増収を下回ると言えます。言い換えれば、インフレは赤字の縮小につながるのです。

一般に、インフレは借り入れをしている人にとって有利です。政府の借り入れも同じことです。インフレになると実質金利が低下しますから、日本企業は国内で工場をつくり、国内で事業を起こすようになる。つまり工場の海外移転が止まり、雇用が戻ってきます。いいことづくめです。しかし、資産を持つ人にはマイナスです。目減りをしてしまうからです。つまりデフレ、インフレによって富の移転が起こる

政府歳入の伸び率は名目GDP成長率の伸びに敏感

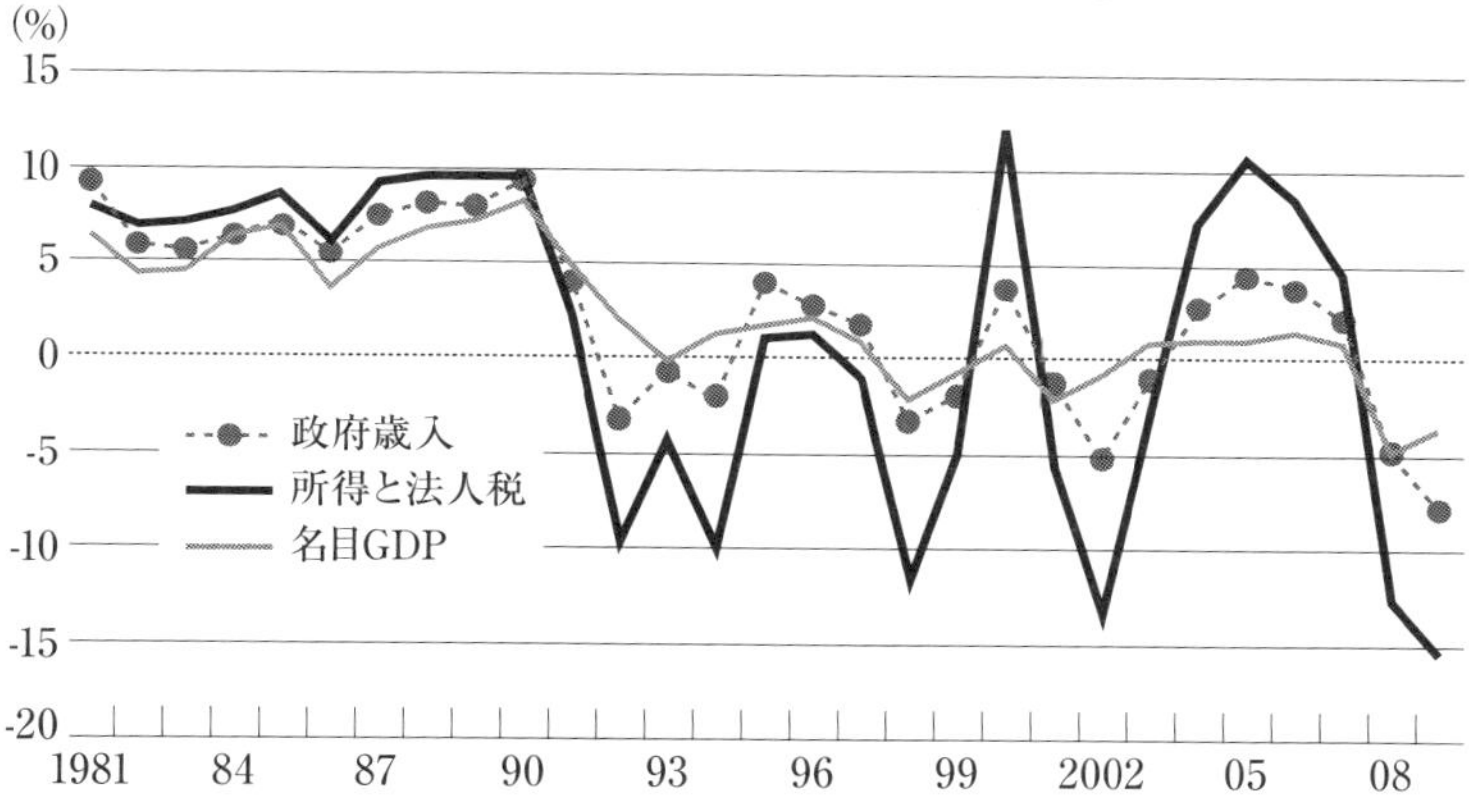

出所:内閣府、日本統計年鑑、モルガン・スタンレー・リサーチ

のです。とはいえ、損をする人でも景気浮揚効果で得することもあります。

いかがでしょうか。

「インフレ・ターゲットを設定すると赤字がどんどん増える」という話は、一〇〇%間違いとは言い切れませんが、ありうる可能性の一つだけを取り出して言っているにすぎません。

インフレ・ターゲットを設定するとどのようなことが起こるのか、それは平均借入れコストや税収の弾力性を抜いて議論しても、感情論、感覚論にしかならないのです。

私の仕事では、こうした方程式を考えるところからやりますが、ふつうはすでにある方程式を使って、複数のシナリオを描いてみるだけで十分です。価格でも人口でも、数字の推移を見ることも大切ですが、「弾力性」や「伸び率」といった観点を加えると、「傾向」だけでなく「因果関係」が見えてきます。政策や戦略をつくるためには、ものごとをそこまで掘り下げてみることが不可欠です。

生産性って何?

少子高齢化で人口が減るので、日本は生産性を高めないと年金、医療費は払えないとよく言われます。

左ページの方程式は、私が九六年に出版した『日本の衰弱』という本で使ったものです。こうした方程式を使う理由は、GDPと人口と生産性の関係性を見るためです。GDPだけ見ても何もわかりませんが、人口、生産性という別の変数をもってきて、その関係性を見ると、いろいろなことがわかります。

まず一番上の式は、中学生でもわかるものです。YはGDP(実質生産)です。これは、Y/L(労働生産性)にL(労働力)を掛けたものになります。すなわちG

DPは一人がつくるGDP（＝労働生産性）に労働者の数を掛けたものです。

ただ、この方程式には労働者数しか入っておらず、人口が入っていません。そこで、左辺と右辺の両方を人口のPで割ったものが二番目の方程式です。

左辺のY/Pは、人口一人当たりの所得です。これが生活水準の指標になります。右側は、Y/L（労働生産性）にL/Pを掛けたものです。L/Pは、「労働参加率」といって、人口の何割が働いているかということです。

Y	＝	(Y／L)	×	(L)
GDP（実質生産）		労働生産性		労働力
Y／P	＝	(Y／L)	×	(L／P)
実質水準		労働生産性		労働参加率
Y%	＝	L%	×	Y／L%

高齢化が進むと、労働参加率（L/P）は必ず下がります。分子である労働力（L）がより急速に減少するからです。平均引退年齢を延ばすなど、下がり方を緩やかにすることはできますが、止めることはできません。

この方程式を見るたびに、私はタイタニックの映画を連想します。氷山にぶつかったあと、船の設計者が船長と話している場面で、船長が設計者に「なんとかならないか？」と聞きます。設計者は答えます。「この船は鉄でできています。必ず沈みます」。日本の労働参加率も必ず沈みます。

労働参加率が下がるなら、現在の生活水準を守るには、生産性を上げるしかありません。

三つ目の方程式は、「伸び率」で表現された、二つ目と同じ方程式です。

人口の伸び率が入っていないのは、右側にも左側にもあるので、両側から消したためです。

これから高齢化が進むと、労働力は毎年〇・七％ずつ減っていくことがわかっています。これまでは生産性を一％くらい伸ばせば、ギリギリＧＤＰを保つことができました。ただ、停滞を避けるには、生産性の伸び率を加速させる必要があります。

次のページの上の図をご覧ください。ここには四パターンのＧＤＰ成長率シナリオを書き込みました。

まず、「青空」シナリオ。政府がうまく政策を組み合わせて、生産性が三％伸びるシナリオです。これだと高齢化しても生活水準は上がります。一方で、〇・五％しか伸びなければ、生活水準はどんどん下がっていきます。これが「浅瀬苦痛」シナリオです。二・五％の生産性の伸びだと生活水準が緩やかに上がる「捲土重来」

GDP成長率シナリオ　2000年基準

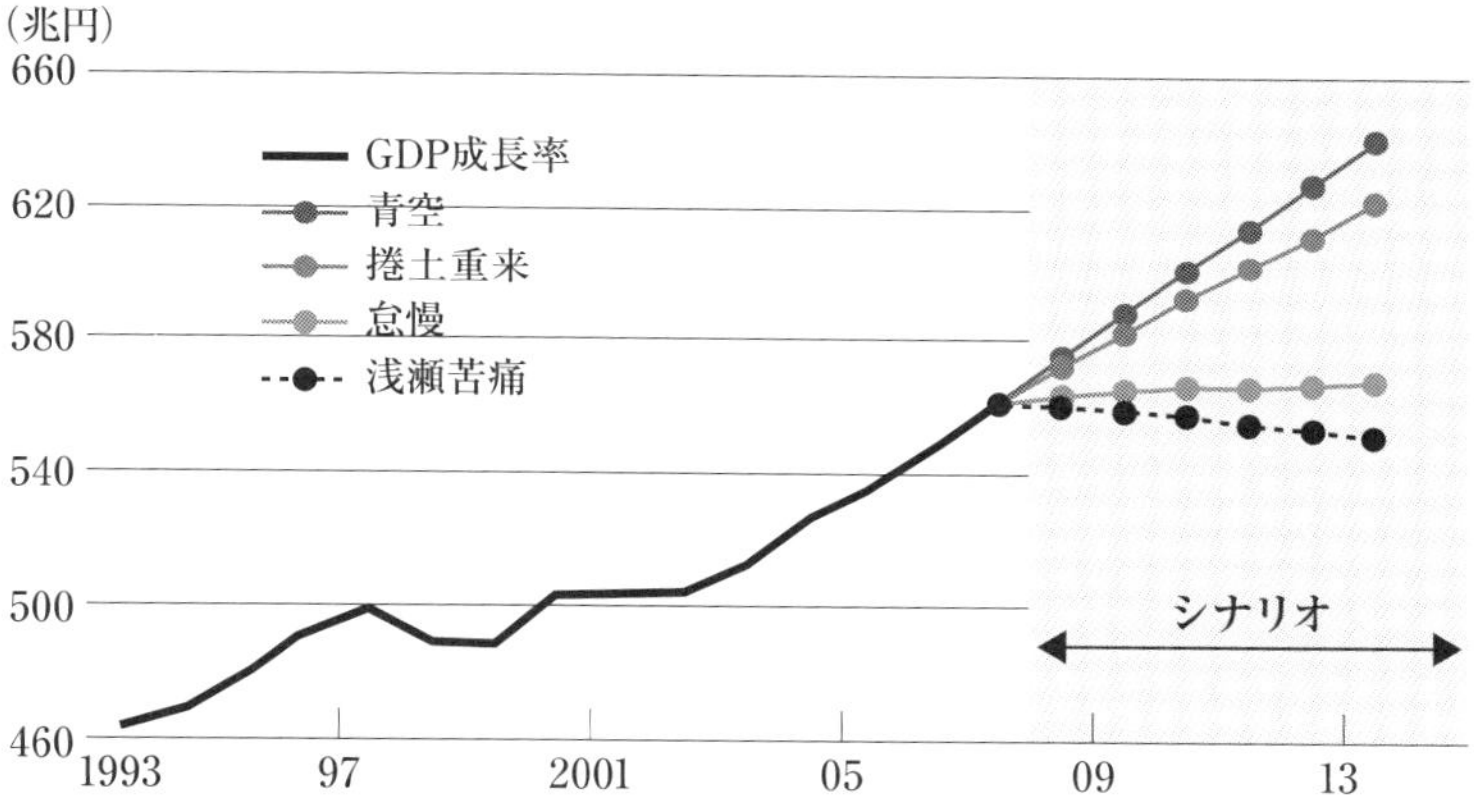

労働と生産性の展望　10年移動平均、Y/L

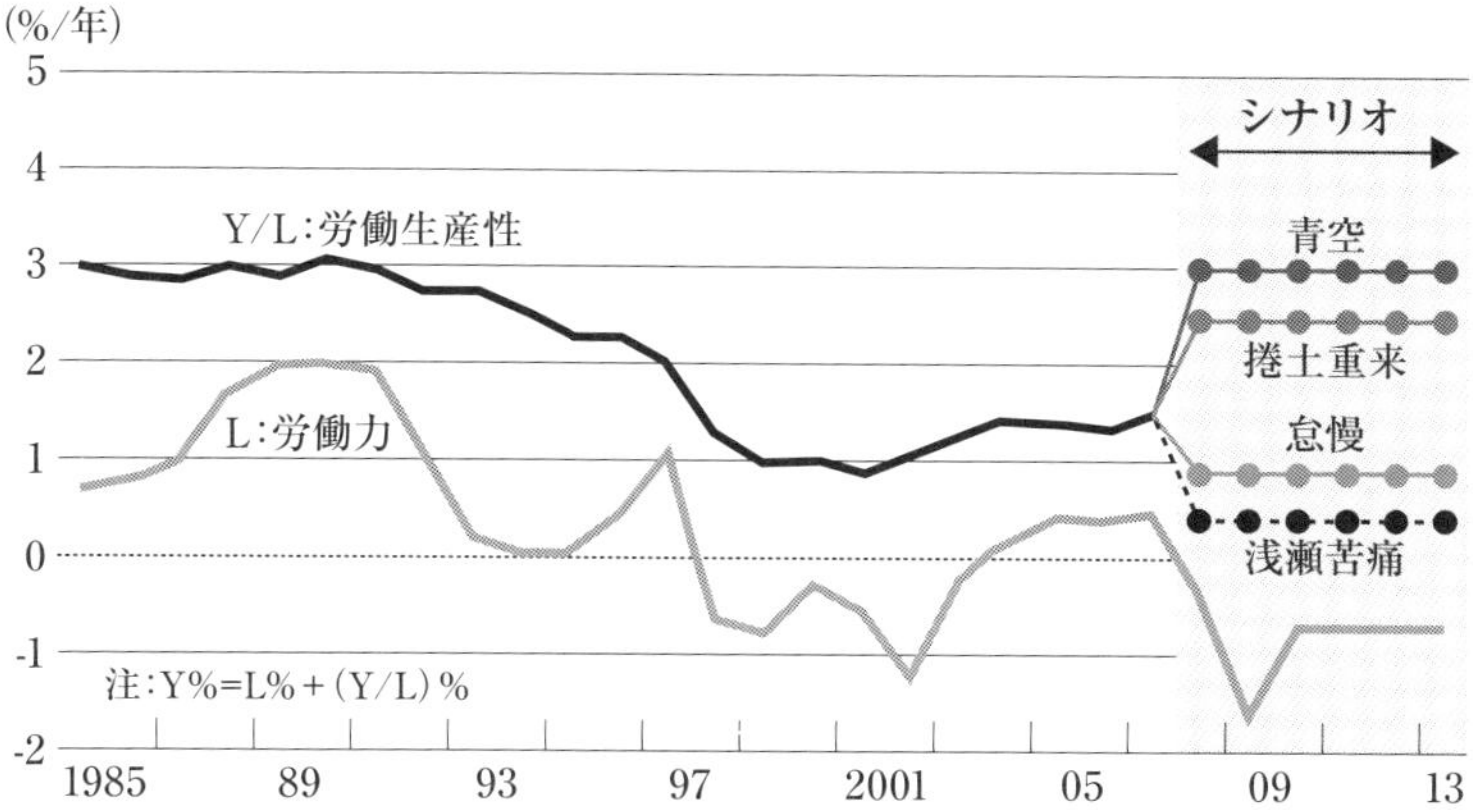

注:シナリオ = モルガン・スタンレー・リサーチによるシナリオ
出所: 内閣府、モルガン・スタンレー・リサーチ

シナリオ。一%だと生活水準が横ばいになる「怠慢シナリオ」です。下のグラフはそれぞれの場合、労働生産性をどれだけ伸ばさなくてはならないかのシミュレーションになっています。

労働生産性を伸ばさなければ生活水準が下がるのは目に見えていますが、まずはどの程度の生活水準を目指すのか、そのうえでどのくらい労働生産性を伸ばす必要があるのか、というところまで落とし込んでいかなければ、具体的なアクションにはつながりません。

政府の政策でも企業の計画でも「総論」は「あたりまえのやるべきこと」を言っているにすぎないので、「各論」に落とし込んで、具体的なシナリオを描き、それに沿ってものごとを進めていく必要があります。

各論についてはエビデンスとなる数字をもとに議論することが確実なアクション、その先の問題解決への近道です。

数字力を身につける

数字力を身につけるには、まず「数字を怖がらないこと」が大切です。難解な数式や理論は必要ありません。とりあえず簡単な問題から始めてみましょう。たとえば「通勤経路はどういうルートが最短時間か」といった問題は、多くの人が考えたことがあるのではないでしょうか。自分の時間の使い方を計算して、「一日に何時間何分何秒ムダ遣いしている」と調べるのもいいし、「自分の一時間の価値はいくらか」と考えて、通勤時間との見合いで住む場所を決めるというのも一つの考え方です。

結果が出て「やってみてよかったな」と思えたら、同じやり方をもう少し大きな問題に当てはめてみればいいのです。

たとえば、いまよりも職場の近くに家を借りた場合、どれだけ通勤時間が縮小し、どれだけ家賃は上がるでしょうか。残業代を払ってもらえるとして、浮いた通勤時間を仕事に充てるとすると、どれぐらいの収入アップとなるでしょうか。そういう計算をして、「このあたりに住むのが一番得だ」と発見できれば、もう立派に数字力を発揮できているといえます。

私は先日、ウェブサイトで十二キロパックの若鶏モモ肉の値段を比較してみました。国産若鶏モモ肉は一キロあたり八二一円でした。ところがブラジル産若鶏モモ肉は、同じ一キロあたり四五〇円でした。ブラジル産は四五%も安いのです。なぜこれだけの差があるのでしょうか？

日本のコスト高？　ブラジルの低賃金？　肉質の違い？　それとも消費者の国産志向？　この先電気料金が上がればブラジル産鶏肉がもっと売れるようになるでしょうか？

疑問を持ったら、それについて考えてみることです。

人から与えられた数字を鵜呑みにしないで、「これはどうやって計算しているのだろう」と考える習慣をつけるのです。米国には、「数字はウソをつかないが、ウソつきは数字を使う」という格言があります（ダレル・ハフ著『統計でウソをつく法』講談社ブルーバックス、高木秀玄訳、一九六八年初版）。

本州から四国へ橋が三本も架けられたのは、国民が官僚が出した数字を鵜呑みにしたからです。二〇〇八年五月に、国会で五九兆円の道路整備十年計画が通りましたが、このときの数字はどうだったでしょうか。

第5章

見落としがちな

Time & Energy

時間・エネルギー管理力

二四時間働けるのはいいことか

私が証券業界で働き始めた一九八九年、先輩からこんなことを言われました。

「ここはやろうと思えば二四時間働ける業界だよ」

これにはポジティブな意味とネガティブな意味があります。

ポジティブな意味で言うと、さまざまな分野にまたがる仕事なので、刺激的でやりがいがある、つまり「仕事が面白くて仕方ない」ということです。しかしその反面、うっかりすると仕事に「自分の人生が食われてしまう」ということでもあります。面白がってやっているうちはいいのですが、会社から「あれをやれ、これをやれ」と言われるがままにどんどん仕事を増やしていくといつのまにか滅私奉公状態になってしまう。先輩が言いたかったのは、「どこまでやるかは自分で決めなさい」ということでした。

これは、とてもよいアドバイスでした。証券業界に限らず、どんな業種においても、時間の管理と健康の管理は「仕事のうち」です。

時間管理とはつきつめれば人生計画だ

「時間の管理のコツは何ですか？」とある雑誌の取材で聞かれたことがあります。私はこうお答えしました。

「時間管理はコツの問題ではありません。『人生計画』の問題です」

まず人生の大きな目標があり、その目標から逆算して時間の配分を考えていく。これが時間管理の基本であり、その意味では人生計画を立てることこそ時間管理の第一歩だと言えます。人生計画をどう立てていくかについては、章末の囲みをごらんください。

時間管理には二種類あります。

一つは中長期的なスケジュールであり、もう一つは日々のスケジュールです。まず中長期的なスケジュールについて考えてみましょう。

以下は『仕事を成し遂げる技術』（デビッド・アレン著、森平慶司訳、はまの出版、二〇〇一年）という本に紹介されている方法です。

人は往々にしてジャグリング（お手玉）のように、いろいろなことを同時にやろうとします。これが混乱の原因となります。そうした状態を整理するために、いまからやらなければならないことを一枚の紙に書き出してみます。

以下は私自身の例です。

左ページにあるスケジュールの下半分を見てください。「農業調査」「金融制度調査」「政治と政策調査」「用事・雑用」と大きく四つに分類し、農業調査ならさらに「世界トレンド」と「国内」に分けています。

世界トレンドの横の「穀物レポート」は、そのテーマについてのネクスト・ステップ、これからやるべきことです。

金融制度調査では三つのテーマがあり、その一つは「東京市場の国際化」で、その「参考人証言の準備」がこのテーマに関して次にやるべきステップです。

このようにして処理しなくてはいけない懸案を一目でわかる形にリストアップすることは、精神的にとても良い効果があります。普段はさまざまな問題が頭の中で「これも、あれも、これも」と一緒くたになって混乱して、それがストレスになります。一枚の紙に書き出すと、混乱が解消されて頭がすっきりするのです。

中長期的スケジュール

		調査レポ	TV	国内イベント	国内出張	海外出張	家族関係
6月	上旬	鶏の研究					
	中旬		16－20	日米財団	新潟、京都		誕生日
	下旬			投資家会議			
7月	上旬	金融再編レポ					
	中旬						
	下旬						従兄弟来日
8月	上旬						
	中旬					欧州	
	下旬	政策日程					大学渡米

農業調査	テーマ	次のステップ
	世界トレンド	穀物レポ
	国内	養鶏レポ

政治と政策	テーマ	次のステップ
	Policy Watch	会合出席
	医療改革	勉強会調整
	教育	資本装備率
	マニフェスト	集める

金融制度調査	テーマ	次のステップ
	政府系ファンド	ロンドン相談
	地方活性化	J-Postと地銀
	東京市場国際化	参考人準備

用事・雑用		
	床屋	確定申告
	靴の修理	航空券
	背広を買う	寄付送金

すべてを一枚の紙にまとめることがポイントです。

やらなくてはいけない問題を整理できたら、次にはそれを片づけるための表をつくります。前ページにあるスケジュールの上半分の表を見てください。こちらはテーマごとの分類ではなく、横軸が「調査レポート」「国内のイベント」「海外出張」といった作業の種類、縦軸は時間で、私の場合は一月を上・中・下旬の三つに分けています。

いつ何をするかという具体的な作業内容をそれぞれの欄の中に書いていきます。たとえば「TV」というのはテレビ出演のことで、出演予定日を記入してあります。「国内のイベント」の下の「日米財団」は、今度会議が予定されている団体の名前です。「家族関係」のコラムの八月下旬の欄には「大学渡米」とありますが、これは息子がアメリカの大学に戻らなければいけないということです。ここを見ると「そういえば飛行機の切符をとっていなかった」といったことが思い出せます。思い出したら「用事・雑用」の欄に、「航空券」と書き足す。

一般のスケジュール帳は細かすぎて、「いま自分は何をしようとしているのか」という「ビッグ・ピクチャー」を忘れてしまいがちです。こうやってA４の紙一枚に書き出すことで、「自分がいつ何をすべきか」という中長期の予定がまとまり、「何か忘れているのではないか」というストレスから解放されます。

私は一年分をまとめて書いておき、一度表を作ったら、あとは数カ月に一回程度、修正するようにしています。

日々のスケジュール管理について私がお勧めするのは、かつてある雑誌の広告で見つけて、実践した「一日を二時間長くする方法」です。

これは具体的には、前日のうちに次の日のスケジュールをつくっておく方法です。ポイントは、スケジュールのつくり方です。

次ページの図をごらんください。

まず一番左側にやらなければいけないことを一通り書き出します。

渡辺氏に電話すること、GDP予測の準備、○○大学講演の準備、水泳、顧客Aとの昼食会、顧客Bとの個別会議、電話会議、勉強会、新聞、部屋の片づけ、家族サービス……。

次の欄に、それぞれの優先順位をつけます。まず重要度に応じてA、B、Cに分け、Aの中でも特に重要なものはA+とします。

○○年××月ZZ日

やるべきこと	優先ランク	所要時間
渡辺太郎:電話	A	0.5
GDP予測準備	A+	3
○○大、講演準備	B	1
水泳	C	1
顧客A昼食会	A	1.5
顧客B個別会議	A	1
NY電話会議	A	0.5
ジェーソン勉強会	B	2.5
新聞	B	0.5
ロンドン疫病歴(本)	C	2
鶏関係(本)	B	3
部屋・机の片付け	A	2
家族サービス	B	1
計		19.5

時 分	やるべきこと
7 30	GDP予測
9 00	渡辺電話
9 30	GDP予測
11 30	顧客A昼食
13 00	新聞
	○○大準備
	フリー
15 00	顧客B会議
16 00	部屋・机の片付け
18 00	新聞
18 30	夕食・休憩
19 00	フリー
20 00	NY電話会議
20 30	ジェーソン勉強会
10 30	家族サービス
11 30	寝る

次いでそれぞれの項目ごとに、処理に必要と思われる時間を書きます。そこまで準備できたら、スケジューリングの開始です。優先度の高いA＋の項目から、一日のどの時間を割り当てるか決めていきます。

左の欄では「GDP予測の準備」が優先度A＋、必要時間三時間となっています。まず朝七時半から九時までの一時間半をここに充てます。九時には渡辺さんに電話することが決まっているので、そこで電話をするとして、そのあと一時半までを使ってこの項目を片づけることにします。

この「GDP予測の準備」には、合計で三時間以上とっています。たいてい途中で邪魔が入ってくるものですから、確実に処理し終えられるよう、余裕時間を見込んであるのです。

次に、顧客Aとの昼食会が優先度Aとなっていますが、これは時間が決まっています。その下の個別会議と電話会議も同様です。

こうしてスケジュールを決めていくわけですが、この際、一日のうちに変化する自分のエネルギーレベルを考慮し、頭が冴えている時間帯に難しい問題を処理するようにします。

また、予定の合間にはところどころにフリーの時間もとっておきます。予定は必ずずれるものだからです。

これを前日の夜のうちにつくっておくと、翌日の作業効率が大幅にアップします。スケジュールを立てた段階で、仕事を処理しているイメージが頭にでき、朝から迷うことなく一気にスケジュールをこなしていけるので、とても能率が上がります。実際にやってみると奇跡のようで、本当に一日が二時間長くなる感覚です。

電子カレンダーを利用すれば、こうしたスケジュール表は簡単につくれます。中長期の計画と日々のスケジュールをあわせて使うことで、忙しい中でもストレスを減らして、着実に人生計画を進めていくことが可能です。

溢れる情報をいかに整理するか

パソコンとインターネットのおかげで、資料調べの時間と労力はかなり効率化されました。この分野での私のお勧めは、野口悠紀雄氏の『「超」整理法』で紹介されていた、パソコンの検索機能を利用する方法です。

紙媒体で整理するよりも、電子検索でメールのフォルダを検索すればすぐに「この件はこういうことだった」とわかります。紙と違って情報がなくなることもありません。私はメールをかなりためるほうで、「あれはどういうことだっただろう」と思ったときに検索機能を使って、関係するメールを全部表示します。検索機能がファイリングシステムの代わりになるので、それだけファイリングの手間と時間を節約できます。

雑用を効率的に片づける方法をご紹介しましょう。

机の脇にホワイトボードを掛けておき、そこに簡単にできる雑用を書いておきます。一日のうちには元気な時間とそうでない時間があるものです。私の場合はだいたい午後三時から五時ぐらいはなんとなくぼんやりしてしまいます。しかしそんなときでも、誰かにメールを打つなど、できる仕事はたくさんあります。

「疲れた。もう難しいことはやりたくない」と思ったときは、机の脇に目をやって、そこに書いてある簡単な仕事を片づけるわけです。

ボードはすぐ目が行く所にあることがポイントです。

時間の管理で私がもう一つ実行しているのが、「目の届くところに時計を置く」

ことです。

机に座って目がすぐに届く壁に直径三〇センチメートル、秒針が刻々と動く時計を掛けています。仕事をしながらも常に時間を意識するためです。時計は私にとって「早く帰りたいなら、いま働け」というメッセージなのです。

オフィスではまた来客が座る椅子の後ろの壁にも時計があって、私がお客さまと話しながらいつも時間が見られるようになっています。一方、私が座る席の後ろにも来客の目に入るような位置に時計が置いてあります。お互いに時間は大切ですから、「どれぐらいの時間話したか」一目でわかるような環境をつくっているわけです。

時計を置くことで、オフィスの全員に時間を意識してもらっているのです。

時間管理と切り離せないスペース管理

スペースの管理、日本語で言う整理整頓は、時間管理と密接に関わる問題です。

誰でも「あれはどこに置いたっけ」と置き場所を忘れてしまって、なかなか見つからないという経験があるでしょう。スペース管理の原則は簡単です。

Store it where you use it.　（使う場所に保管せよ）

私はこの原則に従って、ペン、鉛筆、セロテープ、などは机の上の右手ですぐとれる所に置きます。これが全部違う引き出しに入っていたら、取り出す時間が無駄になります。

スペース管理でもう一つ大事な原則は、

Omit needless items.　（要らないものは省く）

ということです。ただ、何が無駄で何がそうでないかという判断はなかなか難しいものです。私の場合、洋服であれば、「二年間着ていない服は不要」と定義しています。「そのうち着るだろう」と思って持ち続けても、まったく着ないというのが多くの人の現実ではないでしょうか。

使わないものはそもそも買わないのがいちばんです。しかし、買ってしまった場合は、もったいないと思わずに慈善事業に寄付するなどして処分する方がいい。高い家賃を払って借りているスペースに、使いもしないものを置いておくほどばかばかしいことはありません。寄付すれば、困っている人も自分も得をします。

体力、健康管理も「数値」重視で

病気や疲労は効率の敵です。専門的な健康管理の手法については医師や専門家に任せるとして、私がお勧めするのは「自分の体に関する数値を知れ」ということです。自分は肥満なのか、血糖値はどうか、睡眠は十分とっているか、血圧はどうか。まずはそうした基本的な数値を知らなくてはいけません。

私の場合、四八歳になって血圧が急に上がったことで、健康管理について真剣に考えるようになりました。私は身長一七五センチですが、体重が七八キロまで増え、血圧が上がって、医者から「痩せなければ死んでしまいますよ」とまで言われたのです。

運動とダイエットで体重を六三キロまで落とした結果、体調が著しくよくなりました。その際、自分の体がどういう状態にあるか、常に数値をチェックすることが大変役に立ちました。

人間ドックで検査を受けると、「この数値が問題ですよ」と言われることがあります。

そうしたときは真剣に数字の警告に耳を貸すことです。「成功する人は真実を直視できる人である」と言います。数値の示す真実を直視することが健康管理の第一歩です。

私がたまたま飛行機のなかで知り合った医師はこう言いました。

「人間は四〇歳代後半ぐらいになれば、何かしら病気が出てくるものです。病気が出ても、それまでに体を健康に保っていた人は、それを治してまたよい人生を送ることができます。

不摂生をして不健康な体になった人は、その後で大変な苦労をすることになります」

健康管理は自分のためだけではなく、家族のため、友人のため、同僚のための義務です。そう認識して行うべきです。

選択と集中

企業経営に関してよく「選択と集中」という言葉を聞きます。時間管理、健康管理でも同じことが言えます。何を優先するかを決め、「私はこれをやる、これはやらない」と方針をはっきりさせて仕事に臨まないと、健康を維持することも、時間を管理することもできません。

私自身「あらゆることをやりたい」と考え、実行しようとした時期もありました。結果は悲惨でした。人生に追われている感じがして、あらゆる仕事の効率が落ちてしまい、精神的にもハッピーになれなかったのです。

やはり選択が必要だと悟り、途中からは「これを切る、あれも切る。申し訳ありませんがこの仕事はやれません」と方針を変えましたが、その方向転換は簡単ではありませんでした。活動を選択するときの問題は、「これをやってくれないか」と頼まれた場合にどう断るかです。

方向転換をした私は次のように言っていました。

「私は引き受ける以上はよい仕事をしたいと思っています。お願いされた仕事をやりたい気持ちはありますが、他の仕事もあるので、残念ですがお引き受けしてもいい仕事はできそうもありません。いい仕事ができない以上、お受けすべきではないと思います。申し訳ありませんがお断りしたいと思います」。この言い方でほぼ納得してもらえます。

前の章で『Getting to YES』という本を紹介しましたが、同書でフィッシャーの共著者となったユーリーが、『The Power of a Positive No』（二〇〇七年）というタイトルの本を書いています。人に「イエス」と言わせることと同じくらい、友好関係を壊さずに「ノー」を言うことも大事です。

コラム

人生をよりよく生きるためのリストをつくろう

「死ぬ前にしたいこと」をリストアップするのが、よい人生を生きるコツだと言われています（最近はこれをテーマとする映画もありました）。リストをつくることで、優先順位が明確になります。リストは「死ぬ前にしたいこと」に限られるものではありません。ジャック・キャンフィールドはナポレオン・ヒルやフランクリンなど過去の偉人たちの事績を三〇年間も研究し、その成功の秘訣を『成功法則（The Success Principles）』にまとめました。その中でキャンフィールドは、よりよい人生を生きるために次のようなリストをつくることを提案しています。

●「自分が恐れていること」リスト

自分が恐れていることをあえてリストアップし、自分の欠点として自覚することで、やりたいことが見えてきます。

●「自分が一緒にいる人々」リスト

人間は無意識のうちに、自分の周りの人たちのレベルに合わせようとしています。自分が普段、誰と一緒にいるのか思い返してリストアップし、なるべく程度の高い人たちの中で行動するよう心がければ、自分自身自然とレベルアップしていくことが期待できます。

●「片づけていない問題」リスト

過去の精神的な傷と向き合うことも大切です。たとえば失恋したことを、何年たっても引きずっている人がいます。そうした問題に決着をつけなさいということです。

●「邪魔になること」リスト

自分の集中を妨げて仕事の効率を落とすような問題です。これもリストアップして、どうやって対処するか考えます。

●「自分の癖」リスト

「なくて七癖」と言いますが、自分に癖があることを認め、その上で行動すれば、行動を望ましい方向に矯正していくことが可能です。

第6章

「ハブ性」で勝負する

Language

言語力

野口英世はなぜ世界を舞台にできたのか

外国語は、覚えるのに費用と時間がかかり、そのための努力も大変です。しかしグローバル化した社会では、ネットワークづくりに外国語の能力が欠かせません。外国語ができることで自分本来の能力が認められたり、広く世界中でやりたい仕事ができる可能性は一段と高まってきます。費やした努力の何倍も利益があることを理解すれば、「よし、自分もやろう」と思えてくるはずです。

野口英世は言語力をいかして活躍の舞台を世界に広げた日本人の典型です。

野口は記憶力が優れていて、二〇歳までにフランス語、ドイツ語を独学で覚え、さらに英語も覚えて、難解な医学書をそれらの言語から日本語に翻訳していました。野口が上京して病院で勉強していたとき、アメリカからの来客がありました。野口は外国語を生で聞いた経験はほとんどなく、会話は下手だったのですが、他の人たちは誰も英語ができなかったので通訳を務めることになり、そのお客さんから「もしアメリカに来たら連絡しなさい」と言われたのです。

その後、野口は本当にアメリカへ行ってその人物を訪ね、それが彼のキャリアを開くきっかけになりました。そういうチャンスをつかめたのも、野口が外国語を学んでいたからです。

自分の「ハブ性」を高める

外国語を覚えることは、その人の「ハブ性」を高めます。

ハブとは「中核」の意味です。ハブ空港といえば、あらゆる路線がそこを経由する拠点のことを指しますが、同様に、外国語を覚えた人は、国境を越えた取引やコミュニケーションの中心となり、人脈と情報が集まってきます。このネットワークと情報を使って活動範囲が広がります。それによって、ハブになった人の価値はどんどん上がっていくのです。

今、アジアの金融市場では、上海、香港、シンガポール、東京がこのハブの地位を争っています。

東京も、早く手を打たなければ、アジアのハブの地位を他の都市にとられてしまうでしょう。最初ハブになった都市が大きな利益を得ます。そこを中心にしてネットワークが構築されるからです。二番手になってもさしてメリットはありません。

金融市場としての東京の問題点は、金融庁でも国会でも、あるいはメディアでもしばしば議論されています。他の都市と比較した場合の東京の主な問題点は三点で、税金、監督環境、そして英語環境だと言われています。

東京には英語を話せる人材が少なすぎるのです。

この問題ははるか以前から指摘され続けており、英語を話す人材も少しずつ増えてきてはいます。しかしグローバル化の進展の中で英語スピーカーへのニーズがそれ以上に増しており、供給が多少増えても、需要不足は一向に解消されていない状況です。グローバル化によって、英語圏ではない国同士のつながりが増したことで、逆に共通語としての英語の必要性も増してきているのです。

本来、学ぶ外国語はその人の仕事によって、何でもかまわないはずです。ビジネスに使う言葉は買い手の言葉であり、仮に日本株を海外で売りたいのであれば、顧客が使っている言葉を覚えなくてはいけません。なかでもスペイン語、中国語、アラビア語などが役に立つでしょう。

ただし世界中にコネクションを広げる目的であれば、英語がベストです。英語圏以外の人たちも英語を学ぶようになっているからです。その意味では英語は言語のなかのハブと言えるかもしれません。

面倒くさいと思うか、冒険と思うか

私はこの四〇年間、外国語（私の場合、日本語）と毎日戦ってきました。その経験から外国語上達のヒントをいくつか紹介したいと思います。

私から見ていちばん大事なポイントは、「楽しく勉強すること」です。

ある方から言われたことがあります。

「人の幸せは人生を面倒くさいと思うか、冒険と思うかによって決まる。面倒くさいと思ったら幸せにはなれない。冒険だと思えば幸せだ」と。

外国語の勉強はまさにその典型でしょう。面倒くさいと思ったらこれほど大変なことはありませんが、冒険の連続だと思えば学ぶこと自体が楽しみに変わります。日々の学習で「こんな面白いことがあった」と楽しむこと。それが障壁を乗り越えるコツです。

語学の勉強を楽しむためには、自分の好きな分野、楽しい分野で外国語の勉強をするのがいいでしょう。たとえば車が好きな人は車の雑誌を買えば、外国語であっても読もうという気になります。私の場合は経済学が大好きですから、経済に関する記事を日本語で読んでいます。

上達のための第二のコツは、「間違いを恐れないこと」です。

完璧主義は外国語を学ぶときには障害です。外国の言葉を学んでいると、どうしても間違いは出てきます。そのときは自分もいっしょになって笑うくらいでちょうどいいのです。

もう三〇数年前のことですが、出張でドイツへ行くことがありました。当時私はドイツ語を勉強していたので、多少の会話はできました。週末にスーパーで買い物をしたときのことです。ドイツでは、スーパーでは自分で袋を持参し、その中に買い物を入れて持って帰るのが普通ですが、私はそうした習慣を知らず、「袋はありませんか?」とレジの人に聞きました。

あいにくドイツ語で「袋」を意味する言葉を知らなかったので、ドイツ語と英語は似ていますから、「『袋』という意味の英語で、ドイツ語っぽい言葉はないかな」と考えたのです。思い浮かんだのが「sack」でした。私はレジの女性に「Haben Sie einen Sack?」と尋ねたのです。「Haben Sie」は「あなたは持っていますか?」という意味です。ですから私としては、「袋はありませんか?」と聞いたつもりでした。

ところがそう言ったら、周りの人たちは一斉に吹き出したのです。私はあわててレジの人に「私、何か悪いことを言いましたか?」と聞いたのです。「言いましたよ。ホテルに戻って字引を引いてごらんなさい」と言われました。

そう言われてホテルに戻って字引を引いてみたら、笑いが止まらなくなりました。「Haben Sie einen Sack?」はドイツ語の決まり文句で、「金玉ないのか、お前」の意味だったのです。

ドイツ人の友人にこの話をすると、みんな大笑いします。

外国語学習にその種の失敗はつきものです。恐れずに笑ってしまえばいいのです。あとでちゃんと「ネタ」になりますから。

ゲーム感覚で楽しみながらやる

上達のコツのその三は「電子媒体をうまく利用すること」です。電子媒体の発達によって、語学の勉強は飛躍的に楽になっています。たとえば昔は辞書を引きながら勉強していましたが、紙の辞書で言葉を探すのにはとても時間がかかります。ところが電子辞書を使うと、言葉を入力するだけで、すぐに意味が出てきます。私が今使っている電子辞書には三一種類の辞書が入っています。これを使うことで紙の辞書に比べ、一日一五分から二〇分ぐらい節約できています。

こうした電子媒体を利用してゲーム感覚で語学の練習をすると、やっていて楽しいし、上達も早くなります。ゲーム機用に、この種の練習ソフトがたくさん発売されています。漢字テストはもちろん、TOEIC対策ソフトなどもあります。TOEIC対策ソフトは私の友人が使っていたのですが、非常に使い勝手がいいものでした。

外国語学習に利用できるＩＴは辞書やゲーム機に限りません。インターネット上には勉強の材料がいくらでもあります。ユーチューブには有名な英語のスピーチがたくさん、しかも動画つきで載っています。キング牧師でもケネディ大統領でも演説が聞きたいと思えば、クリック一つですぐに映像とともに生の声が聞けます。こうした技術の進歩によって、外国語習得に必要なコストは大きく下がったと言えるでしょう。

「好きな映画を繰り返し観ること」も昔からある有効な勉強法です。それより多少難易度が高くなりますが、「小説を読むこと」も効果的です。小説は使われている言葉が経済学や新聞に書かれている言葉とは全然違います。文章の構造も違うし、言葉のセンスも違います。脳みそを総動員しなくてはなりませんが、その言語に習熟するためによい手段だと思います。

言語の習得は若いときにやるに越したことはありませんが、年をとってからでは無理ということはありません。やる気次第です。ある日本の銀行トップは、会長を引退してから、中国のある銀行の取締役になりました。当時七〇代の半ばでしたが、「この機会に中国語を覚えよう」と言って勉強を始め、実際にマスターしたそうです。

年をとってもやろうと思えばそこまでできます。

外国語を使って話そうとすると、母国語でしゃべるときのような自由な表現はできません。それでイライラすることもあるでしょう。でも逆に外国語で話す利点もあります。

プレゼン力の章では「難しい言葉を使うよりわかりやすい言葉を使うべきだ」と申し上げましたが、外国語で話す場合には自然とそうなります。簡単な表現しかできないのですから。

私のテレビ出演を観た方から、よく「フェルドマンさんの話はわかりやすい」という感想をいただきます。おそらく日本語で難しい言い回しができないために、知らず知らずのうちにわかりやすくしゃべっているからでしょう。

商売は買い手の言葉で

私の個人的な体験から言うと、日本人の英語力はここ一〇年、一五年のあいだにかなり上がっていると思います。ただ、これからの世界に十分かといえばそうとも言い切れません。

最近、日本からアメリカに留学する人の数が減っているという指摘があります。ただ、人口比例では過去に比べるとかなり高い数字を維持しています。

この問題は、留学生が減ったかどうかということよりも、一〇年、二〇年先までの世界を考えたうえで、いまの人数の留学生ではたして足りるのかということです。現状維持で十分なのか、それとも二倍、三倍、あるいは一〇倍くらいまでもっていく必要があるのか。

留学生は語学だけを学びにいくわけではありません。グローバルな知のネットワークに参加して、新しいアイデアを共有すること、刺激しあうことは、語学以上に大切なことです。日本人はそうしたネットワークに入ることが下手であると思われがちですが、私はそうは思いません。

先日京都にある東寺を訪れました。美しい五重塔のあるお寺です。このお寺をつくった空海は三〇歳のときに唐に渡りました。西暦八〇四年のことです。当時の三〇歳といえば、決して若くはありません。航海は危険で、無事に日本に戻れる確率は五割といわれていました。二年間の修行を経て日本に戻った空海は、日本の仏教に多大な影響を及ぼしました。この空海の「留学」がなければ、日本の仏教はいまとはかなり違うものになっていたのではないでしょうか。

空海にかぎらず、日本には自ら外に出て行って知識を切り開き、のちの日本の発展に貢献した人は少なからずいます。

言語力を身につけるには、モチベーションが重要になってきます。いまの時代であれば、自分の仕事、人生、家族を守るといったことが最大のモチベーションではないかと思います。グローバリゼーションが進むなか、一定レベル以上の言語力がなければ、雇用の確保という面で、不利になるでしょう。

のみならず、いまや商売の共通言語になっている英語ができなければ、ビジネスに携わる人は仕事の範囲が限られてしまいます。さらにいえば、英語だけやっていればいいというわけではありません。あるイタリア人の作家が「商売の言葉は買い手の言葉でなくてはならない」と言っていました。たとえばドイツ人がイタリア人に化学薬品を売るとき、ドイツ人はイタリア語を話したほうが売りやすい。日本人が中国でビジネスをやるなら、中国語で話すと便利です。そういう意味で、母国語以外の言語を覚えるということは、市場を広げるということでもあるのです。

最後に、日本人の言語力を上げるための政府の役割について少し述べたいと思います。やはり、言葉は若いときに覚えたほうが楽です。一説によると、一九歳以降、言語を習得するのはとても難しいのだそうです。政府もグローバル人材の必要性を重視して、二〇一〇年前ぐらいから関連予算を増やしています。文科省の高校留学プログラムは五倍になりました。といっても、五億円程度にすぎません。対して、いまの医療予算はだいたい三五兆円ぐらいあります。この五％でもグローバル人材の育成に振り向けることができるなら、一・七五兆円も予算ができることになります。たとえばアメリカの一流私立大学の一年の学費（含宿泊・食事代）は、約五万ドルです。一ドル八〇円とすると、一年間の費用は四〇〇万円です。一・七五兆円あれば一年で四三万七五〇〇人を派遣できます。ほんの少し予算を再配分すれば、日本は大きく変わると思います。

第7章

自分ブランドで差別化する

Commercial Awareness

商売力

あなたのお給料は誰が払っているのか

読者のみなさんに質問です。直接「モノを売る」仕事ではない場合でも、「お金はどこにあるか」を常に念頭に置いていますか。

あなたのお給料を払っているのはあなたが勤めている会社かもしれませんが、その会社にお金を払っているのは顧客です。ですから、自分が会社で評価されるか、という視点からではなく、顧客は何を求めているか、という視点で仕事をすべきです。つまり、顧客ニーズが出発点です。

商売力の欠けたアナリストは「いままでこういうことがあった」と過去の問題を得意になって分析しますが、「これからどうなるのか」についての視点が抜け落ちています。顧客がほんとうに知りたいのは「これからどうなるのか」です。「この会社は昔よかったから、株を買いましょう」と言われて買う人はいません。「これからよくなるから、買いましょう」と言うのが筋です。つまり、過去についてのレポートを書くのはジャーナリストや歴史学者の仕事ではあっても、アナリストの仕事ではありません。

分析力の章で、「混沌から秩序を引き出す」四つの分析手法の話をしましたが、そうした分析手法を選ぶ際も、自分の好みで決めるのではなく「顧客が望むアウトプット」を考えて決めます。ストーリー性のあるジャーナリズム的手法だともっともよく理解できるという顧客なのか、社内を説得するために数字を必要としている顧客なのか、理論的な裏づけをほしがっている顧客なのか、それを見極めるのです。当たり前じゃないか、と思われるかもしれませんが、これが案外できていないことが多いのです。

顧客ニーズといっても、いつも顕在化しているわけではありません。なかには顧客自身も気づいていないニーズもあります。

もっとも成功するビジネスは、そのようなニーズを掘り起こしたときに生まれます。

私の「鶏急ぎ」のレポートも、顧客が気づいていなかったニーズに応えていたために、世界中から反響がありました。

長年、食肉業界に関わってきた人たちも、「穀物価格が食肉のシェアに影響する」

という現象を予期していなかったため、レポートを読んでびっくりしたわけです。このように顧客自身もわかっていなかったニーズを捉えると、レポートも大きな反響があるのです。

最近、農産物価格の急上昇で、日本でも農業問題が再び議論になっています。ここにも投資家が知らないニーズがあります。

日本の農地の一割以上は耕作放棄されています。これだけ農地が少ないのに、一割も使われていません。その背景にはいろいろな理由があるのですが、改革が進み、そうした土地を自由に利用できるようになれば、大きなビジネスチャンスが生まれます。

鳥取県の梨を中近東で売ると、国内価格の一〇倍ぐらいの値段で売れるそうです。今寝ている土地を使って、そうした国際競争力のある果物などを栽培すれば、大きな利益が見込め、地方活性化になります。

農業はこれからの日本で伸びる産業です。政治的な改革が進めば、日本は北半球のニュージーランドになれるでしょう。そのことに多くの投資家は気づいていません。顧客が自分でもわかっていないニーズを見出す力こそが真の商売力なのです。

顧客が買っているものの「本質」は何か

商売力を磨くには、顧客が買っているものの「本質」を見極めることが重要です。たとえば人が本を買うとき、本という「物体」が欲しくて買っているわけではありません。読者は本に書いてある中身が読みたくて買うのです。紙とインクでできたハードウェアではなく、そこに載っているソフトウェア、つまり情報が欲しいのです。

都心のマンションの家賃は高く、同じ広さでも郊外の家賃は低いのはなぜでしょうか。それは住む人が部屋というハードウェアだけではなく、勤務先から近いという利便性、あるいは住む地域の持つステイタスという付加価値を買っているからです。

数字力の章でも述べましたが、鶏肉販売サイト（二〇一二年八月現在）では国産の若鶏冷凍モモ肉一キロ当たり八二一円に対して、ブラジル産は四五〇円でした。この差額は実は鶏肉そのものではなく、安心を買っている面もあります。事実かどうかは別として、消費者は「国産の食品は鮮度も高いし、管理も行き届いていて安全だ」と感じています。だから高くても国産を買うのです。

売り手はこのように「顧客が何を買っているのか」を理解して販売戦略を組む必要があります。

自分のブランドを理解する

「自分のブランドを確立する力」も商売力の一つです。

マーケティングの世界では「物を売るときには三つのブランド戦略がある」とされています。

①品質をブランドにする
②低価格をブランドにする
③サービスをブランドにする

ついつい「うちはいいものを安く売って、サービスもいいですよ！」といいことばかり言いたくなりますが、それだと顧客は「いったいどういう会社なのか」と戸惑ってしまい、かえって集客力が落ちてしまいます。

得意とする点を強調しなければ、ブランドの特色が顧客に伝わらないのです。

アナリストも「自分のブランドとは何か」を考えなくてはいけません。そのためには自分の「売り」となるスキルを持つことです。例えば「バリュエーションモデルが誰よりも優れている」「企業の評価や株価の適正水準の計算が得意だ」「予想を出すタイミングがいい」など、ポイントを絞ることで差別化を図るのです。

そしてこれも大事なポイントですが、「そのジャンルでは自分が一番」と言えることが大切です。「一番」がどれほど強いインパクトを持っているか、よく使われる例が、大西洋を初めて飛んだ飛行士リンドバーグです。

リンドバーグは世界中のどの国の人にも知られていますが、二番目に大西洋を渡ったバート・ヒンクラーの名前は誰も知りません。では、大西洋を三番目に飛んだ飛行士はどうでしょうか。エミリア・エアハートです。彼女はよく知られています。なぜなら、大西洋を最初に横断した最初の女性飛行士だからです。「女性」と限定することで一番になることができたわけです。

ブランドの構築の仕方と同様、ブランドの浸透のさせ方も重要です。私はテレビ東京系列の「ワールド・ビジネス・サテライト（ＷＢＳ）」という番組に出ていますが、これは私自身の目指すブランドと、この番組の方針に共通する部分が大きく、相乗効果が見込めると考えたからです。

ＷＢＳはまじめな報道番組ですが、「ちょっと楽しくやりましょう」という一面も持っています。言葉の遊び、ダジャレが好きな私にとって、これもブランドとして合っています。

ＷＢＳ以外の番組からもときどき声が掛かりますが、ワイドショーには出ません。もちろんワイドショーも果たすべき役割がありますが、私はタレントではなく、エコノミストです。自分のブランドを守るためにワイドショーには出ないことにしているのです。

信頼の方程式　T=(E+R+I)/S

信頼を高めるのは、商売において最も大事なポイントです。どんな商売でも相手に信用してもらえない限り、何も買ってもらえません。つまり信頼関係がなければ、お金にならないのです。

そこで、あるコンサルタントが書いた本（『The Trusted Advisor』デビッド・マイスターほか著）から「信頼の方程式」をご紹介しましょう。次の式をご覧ください。

$$T=(E+R+I)/S = \frac{E+R+I}{S}$$

「E=Expertise」は、専門性です。当該分野に関して詳しく勉強しており、言っていることが正しい確率が高いこと。

「R=Reliability」は約束を守ること。言ったことを必ずすること。

「I＝Intimacy」は親密性です。相手の気持ちがわかること。

分母の「S ＝ Self-Orientation」は、これは日本語に訳すのが難しい英語です。ここでは「私欲」と訳しますが、「利己心」「そろばん弾き」など、いろいろな訳があります。要は自分中心のことです。自分の都合だけを考えて話していると、相手から信頼されません。「○○社の株を買ってください。あなたが買ってくれれば、私はたくさん給料をもらえてうれしいですから」などと言ったら、誰も言われたとおり買う気にはならないし、あなたを信用しません。他の要素をSで割るのはこのためです。

相手との間に信頼関係をつくるためには、「相手のために働いている」という「忠実義務」が必要なのです。もちろん相手も大人なら、「こちらにはこちらの都合もある」ことは理解しています。ですからSをゼロにする必要はありませんが、それでもやはり「あなたのためにやっています」ということを行動で示すことは大切です。「自分を犠牲にしても相手のためにがんばる」ことは、信頼性を非常に高めます。

ここに挙げたのは顧客との間での信頼方程式ですが、個人関係やチーム内の仲間に関してもほぼ同じことが言えるでしょう。

内外を問わず、信頼関係を築き上げて初めて商売ができます。これも商売力の一つです。

四〇歳定年制のすすめ

私は以前から「四〇歳定年」という概念をいろいろなところでお話ししてきました。このアイデアを思いついたのはIT革命がきっかけです。次ページの図を見てください。縦軸は賃金および生産性です。賃金は年功序列なので、四〇〜四五歳をピークに頭打ちになります。生産性はどうでしょうか。入社してからしばらくは、もらっている賃金に見合うほど高くありません（A）。年を経るにつれて上がっていきますが、また下がっていきます。ピークがだいたい四〇〜四五歳だそうですが、そのあとも生産性に見合わないお給料をもらい続けます（C）。

企業が損をしているのは、AとCの部分。Bは得をしている部分です。

年功序列とIT革命

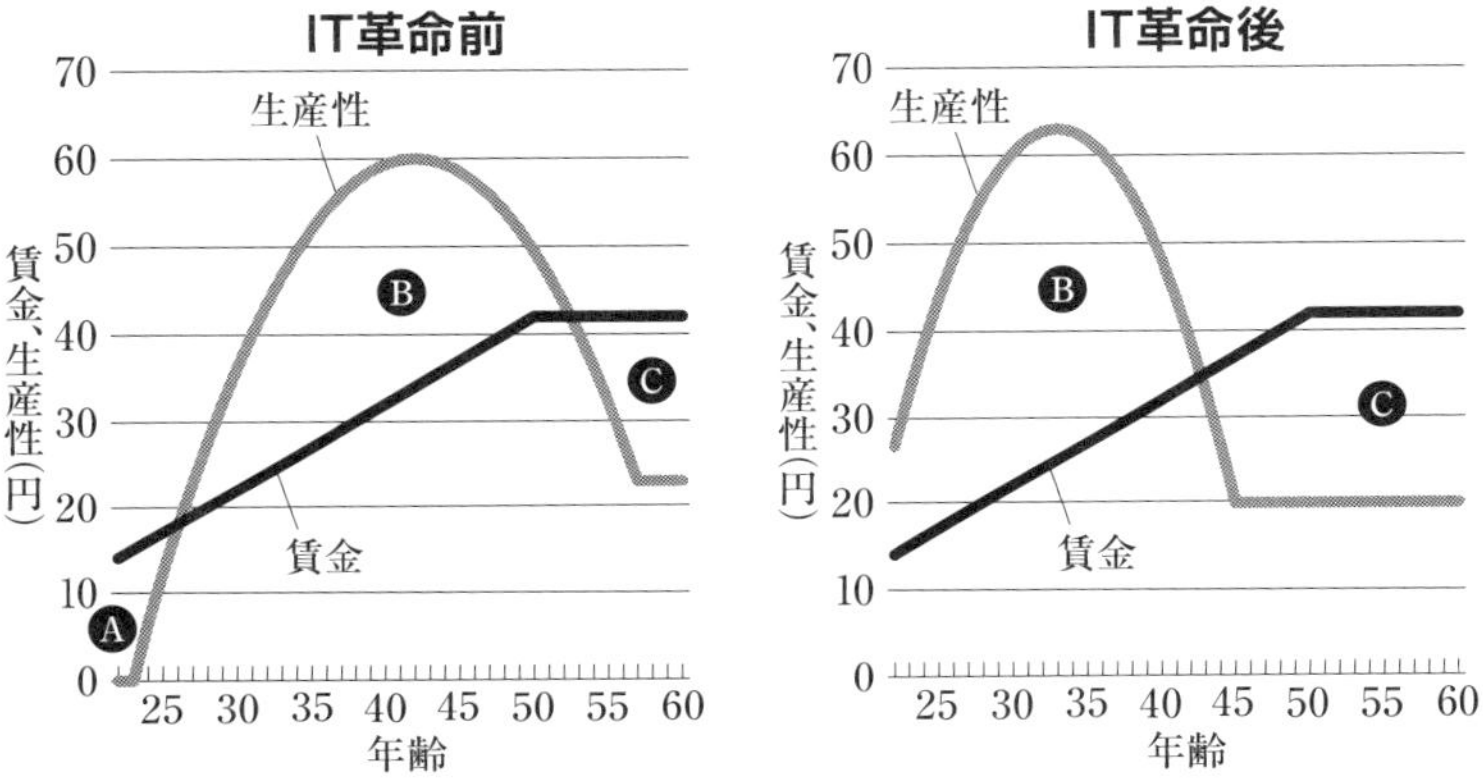

B＞A＋C

　であれば問題ありません。最近までの日本は、これで問題なかったわけです。では技術革新が起きた場合どうなるでしょうか。若い人は新しい技術を速く身につけ、生産性が高くなる。中高年は逆で、それまでより早く生産性が下り始める。つまり、山が左側に移ります。よって、Aはゼロになり、C＞Bの状態に近づいていく。技術革新がスピードアップすると今の労働慣行は企業にとって不利です。生産性が高い若者より生産性が低いベテランがお金をもらっていること自体も問題ですが、企業がもちこたえられなくなって潰れることによって雇用が減ることのほうがもっと大きな問題なのです。それで四〇歳定年説を考えるようになりました。

六〇歳まで同じ場所にいられると、四〇歳を越えて生産性が賃金を下回っても危機感がありません。四〇歳になったら、契約が切れて、どこかで再就職するか、契約をし直すというシステムにすれば、いずれにしても本人はなるべく生産性を下げないように新しい技術を身につけようと努力するでしょう。そうすればBの部分が大きく、Cの部分は小さくなります。また、技術革新により、その技術に早くから慣れ親しむことのできる若い世代の生産性は上がるので、Aも小さくなります。若い人を時間をかけて育てるという終身雇用のよいところを残しながら、継続的に新しいスキルを身につけてもらえるようなインセンティブを与える、ということです。こうした柔軟な雇用制度になれば、企業もスキル獲得を怠った人を無理に長く抱えなくてもすむのです。

四〇歳定年制は、個人にとってもいいことです。より計画的になりますし、自分の長所は意識して伸ばし、短所も補うような働き方ができるのです。役に立つスキルを獲得した人は、労働市場での交渉力も高まります。生涯にわたって自分で稼げる力を伸ばすことこそ、最も強力な労働者保護策です。

計画された偶然

新しい星はどうやってできるのかご存知ですか？　星雲と星雲がぶつかったときにできるのだそうです。アイデアも同じです。意図的ではないけれども、それまで遭遇することのなかった考え方がぶつかったときに、新しい発想が生まれます。

スティーブ・ジョブズがピクサー社の本社ビルを建てるときに、関係のない部署の社員同士がひんぱんに顔を合わせるように設計させました。具体的には、ビルのど真ん中にカフェテリアなどをつくり、社員が移動するときに必ずそこを通らないといけないようにしたのです。ふだん電話で話さない人に、たまたま会うと、「そういえばね」という話になる。この「たまたま」の話が新しい付加価値を生むということです。そう考えると、計画的に偶然をつくれば、アイデアが生まれやすくなります。

もう一つ例を挙げましょう。これも建物の話です。ＭＩＴ（マサチューセッツ工科大学）の二〇号館は、第二次大戦中、レーダーなどの軍事技術を開発するために急ごしらえでつくったものでした。粗末なつくりで空調も悪く、そこに大勢の研究者が集められて、働いていました。戦争が終わってもオフィススペースが足りないのでそのビルをそのまま使っていたところ、なぜかそこからどんどんすごいものが発明されるようになったのです。言語学者のチョムスキーも、そのビルにいました。研究者同士がコーヒーメーカーのまわりに集まって「いま何をやっているの？」などと話す雑談のなかにすごいアイデアのぶつかり合いがありました。まさに星雲のぶつかり合いです。

このビルは一九九八年にとり壊されましたが、そもそも市の建築基準に違反していました。きわめて長く使われていたのは、「魔法の孵卵器」（実際にそう呼ばれていました）の役割を果たしていたからでしょう。

「計画された偶然性」は、〝飲みにケーション〟とは違います。気が合う人たちと夜遅くビールを飲みながら会っても、偶然の話にはなかなかなりません。職場のグチとか、家族はどうしているとかいう話になりがちです。狙い目はあまりひんぱんには会わない、自分とは専門分野が違う人です。科学をやっている人なら文学者、文学をやっている人なら科学者。営業をやっている人なら開発者、開発をやっている人なら営業マン。そうするとまったく違うものの見方や世界観がぶつかり合うのです。思いもつかなかった新商品や、意外なソリューションは、日常の外にあることが多いのです。

第8章

組み合わせて動かす

Integration

結合力

ここまでお話ししてきた「7つ道具」はある意味で部品です。部品はもちろん非常に大事です。部品をつくって商売にしている会社もたくさんあります。といっても、部品の価値を決めるのは、どのように組み合わせて使うかです。

部品をつくることと使うことは別のスキルです。

いまの自動車の部品は三万個以上、高級車なら五万個にもなるといいます。それだけの部品をうまく組み合わせて、究極の走りを実現するのは、実にすごいことです。三万個の部品をただ山積みにしていても何の価値もありません。組み合わせて一台の車をつくりあげ、それに乗って遠いところに速く到達するという目的を達成する。それだけでなく、いかに環境に負荷をかけず、安全に走行できるかも、すぐれた部品がうまく組み合わさってこそです。

少し前、消費税を上げるか、上げないかということが非常に大きな話題となりました。財政再建のために避けて通れない議論でした。この財政再建を車にたとえてみたいと思います。あなたが車を買おうとしているとき、ディーラーの人が「まずブレーキを買いましょう」と言い出したらどう思うでしょうか。驚きますね。ブレーキはとても重要な部分ですが、そこだけ取り出してどうですかといわれても困る。「財政改革の要は消費税」という議論も、私はこれに似ていると思います。部品感覚でやっている。部品だけ見せられて「イエスですか、ノーですか」と言われてもわかりません。

「じゃあ、あなたの車にはブレーキがなくていいのですか」と聞かれたら、「いえ、ブレーキは必要です」と言うしかない。でも、エンジンも、ハンドルも、車輪も、座席も、変速機も必要です。実際に車を走らせるためには、ガソリンも、道路も、信号も、警察も、法律も必要です。ですから、部品が価値を生むためには、こうしたものがすべてパッケージでそろわなければならないのです。ここまで見てきたそれぞれのスキルもパッケージとして使ってはじめて価値が出ます。

選択と集中を誤解するな

よく、「選択と集中」の重要性が言われますが、選択していないのに集中だけするという間違ったパターンがあります。たとえば起業するときは、どんな事業をやるのか、どうやってお金を調達するか、どこで人を探すか、それらを全部同時に考えて実行していかなくてはなりません。この段階でどれかに「集中」すると失敗します。財政改革にしても企業経営にしても、「選択と集中」を言い訳にして部品感覚でやってはいけません。

民主党及び自民党は消費税と社会保障の一体改革だと言っていましたが、一体と言っているわりに、社会保障制度の改善はほとんど見えないまま消費税率引き上げ法案だけが通ってしまいました。じつは、消費税と社会保障の一体改革にしても、まだ足りないものがあります。それは成長政策です。経済成長なしに社会保障の維持はできません。本書でも生産性の話をしましたが、これを上げていかないと消費税率を上げても財政改革はできないだけではなく、年金も医療費も支払えません。

今後どのような種類の財政再建が可能かを、ここで改めて「結合力」を使って考えてみましょう。

まず、日本の政府の歳出総額は、約二〇〇兆円です。よく「約一〇〇兆円」という数字が出ますが、これは国の一般会計のみを指しています。企業も連結ベースで見るように、政府も連結ベースで見るべきです。特別会計、および地方自治体、社会保障基金を入れると約二〇〇兆円になります。全体像を正しく見る数字を使うこと、これは結合力の原点です。

もう一つ大切なのは、有意義な分類をするということです。たとえば企業を分析するときには、事業＝ビジネスライン別に見ます。事業別に並べてどこで利益を出しているか、どこで損を出しているかを見るのです。しかしながら、政府の場合はほとんどそういうことをやっていません。そこで、ここでは国・地方・社会保障基金を連結ベースで見て、日本政府の歳出・歳入をビジネスラインで分けてみました。一九一ページの表を見てください。

まず、営業収支。これは公共財の提供です。消防署、国防、教育。すなわち市場化しにくい、政府の提供している財とサービスです。目的税ではない収入はここに入る。

もう一つは社会保障勘定収支。年金保険、医療保険といった事業です。社会保障負担は収入です。

三番目は利子収支です。これはビジネスラインというよりもコストの一種です。

収入は政府の利子所得です。

四番目は資本取引です。すなわち政府がお金を貸し、返済してもらうこと。JICAとか、政策投資銀行とか、そういう政府系金融機関の活動です。

ということで、国は三つのビジネスライン+利払いに分類することができます。

分類すると、いろいろなことが見えてきます。まず、公共財のところを見てください。二〇〇八年度の数字ですが、営業収入は黒字です。ここには目的税ではない一般税（所得税、資産課税など）が収入としてカウントされています。今の段階では、消費税も目的税ではありません。その下の営業歳出は、公共財としての財とサービスの歳出です。公共投資も入ります。入ってくるお金はだいたい八五兆円、出ていくお金が七五兆円、差し引き一〇兆円の黒字でした。

さて、こんどは利払いを見てみましょう。

金利所得と利払いの差が四・九兆円。全体から見ればそれほど大きくはありません。

次は政府系金融機関の資本取引です。貸したお金と、戻ってきたお金です。後者は元本返済分だけで、利払いは含まれません。二〇〇八年度は八・九兆円のお金が

政府活動の内訳

2008年度 一般政府歳出入

機能的表示	兆円
営業収支(基礎的収支)	10.2
営業収入	84.7
営業歳出	74.5
社会保障勘定収支	-46.9
社会負担	57.1
社会歳出	104.0
利子収支	-4.9
利子所得	7.7
利払い	12.7

機能的表示	兆円
資本取引	8.9
資本移転収入	14.5
資本移転歳出	3.6
不動産の購入	2.0
総合収支	-32.7
歳入	164.0
歳出	196.7

政府勘定における「事業会計」分類。社会保障関連の赤字はGDPの約10%を占める。

社会保障歳出は過去30年で倍増

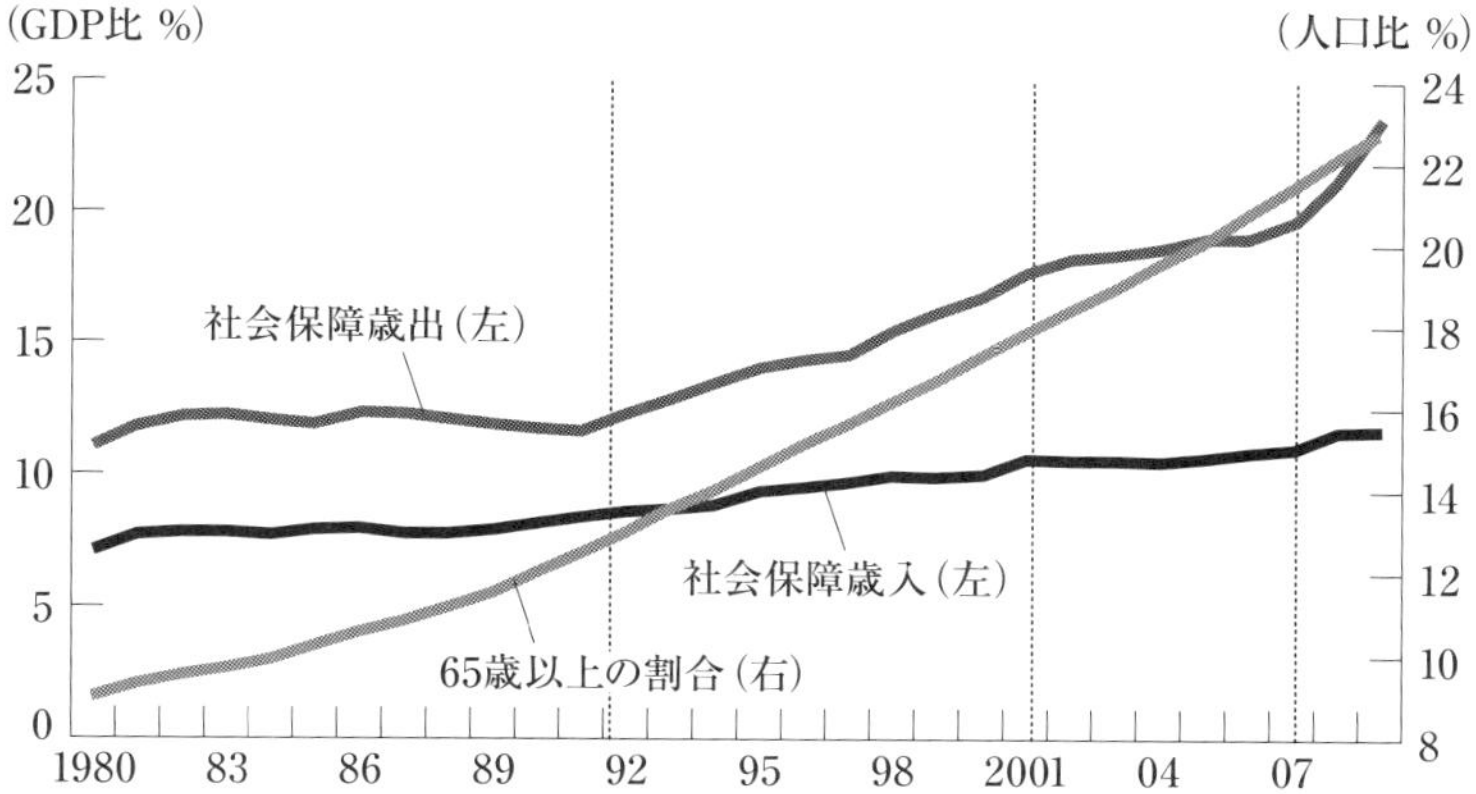

出所: 内閣府、経済社会総合研究所、日本統計年鑑、モルガン・スタンレー・リサーチ

戻ってきました。これは同額の資産を売却したことと同じです。ここも黒字になっています。

ここまでをまとめると、営業収支は黒字、資本取引も黒字、利払いで若干の赤字。ではなぜ全体で大きな赤字になっているのかといえば、これは社会保障勘定のせいです。社会保障勘定には五七兆円の収入があります。われわれの給与から天引きされる社会保障費は全部ここに入ります。税の定義次第ですが、このお金は法律で決めた義務があって支払われるので、「税」と呼んでいいでしょう。財務省は、日本の税収は四十数兆円、と言いますが、これは国の税収だけです。国民は国税にくわえて地方税も社会保障負担を払っています。後者の額はいくらになるかといえば、二〇〇八年は五七兆円でした。使ったお金は一〇四兆円。うち、約六十数兆円は年金、約三四兆円が医療、残りがその他の福祉です。子育てや失業者の支援などに使われるお金です。生活保護も入っています。五七兆円から一〇四兆円を引くと、四七兆円の大赤字です。

このようにして見ると、日本の赤字は、社会保障勘定の赤字といってもいいです。では、二〇〇八年より前はどうだったのでしょうか。一九一ページの下の図を見てください。社会保障歳入、社会保障歳出の対GDP比率を示した線と高齢化度合いを示す線です。高齢化は右肩上がりに進んでいます。

面白いのは一九八〇年から一九九二年までです。高齢化が進んでも、歳出と歳入の格差は広がっていません。まだ財政規律があり、デフレではなかったからです。若干の増税もありました。それが一九九〇年代に入るとどんどん歳出が増えていきます。小泉政権時代には歳出を抑えたので増え方が緩やかになり、フラットに近くなっていますが、その時期を過ぎるとまた規律がなくなって爆発しています。

こんどは歳入のほうを見てみましょう。一九八〇年にはGDP比で約七％でした。二〇〇九年には一三％超で、ほぼ倍増しています。つまり、社会負担を対GDP比で倍増しても赤字が増えたということです。

民主党政権は事業仕分けや公務員制度改革などで歳出を減らしつつ、バラマキをやって社会保障の歳出を増やしながら、違うバラマキをしたい自民党と手を組んで消費税だけはいちはやく増税しましょうという政策です。日本経済の持続性を阻む政策です。つまり、部品が噛み合わないのです。結合力がないと、全体を犠牲にしてしまうということです。

財政再建を「五つの輪」で考える

結合力を使うと、財政再建は左の図のような五輪で考えることができます。まず、生産性の向上です。すなわちＧＤＰが上がっていなければ、社会保障を払うお金がない、あるいは赤字を減らすための税収の基盤がない。だから、まず生産性を上げて、成長率を上げる。いま、日本の人口は減っていますから、生産性を上げる以外ＧＤＰを上げる方法はありません。ＩＴ及び科学の進歩が加速しているので、これは高度成長時代に匹敵するまでいかなくても、それほど難しいことではないはずです。

もう一つはデフレ脱却です。デフレになると歳入（税収）が減る一方で歳出は減らないので、穴の開いている桶に細り続けるパイプからお水を入れているようなものです。

もう一つは成長を目指した歳出再編です。成長につながる歳出を増やして、つながらない歳出を減らす。社会保障の個人負担もある程度増やさざるを得ません。医

財政再建：五輪の課題

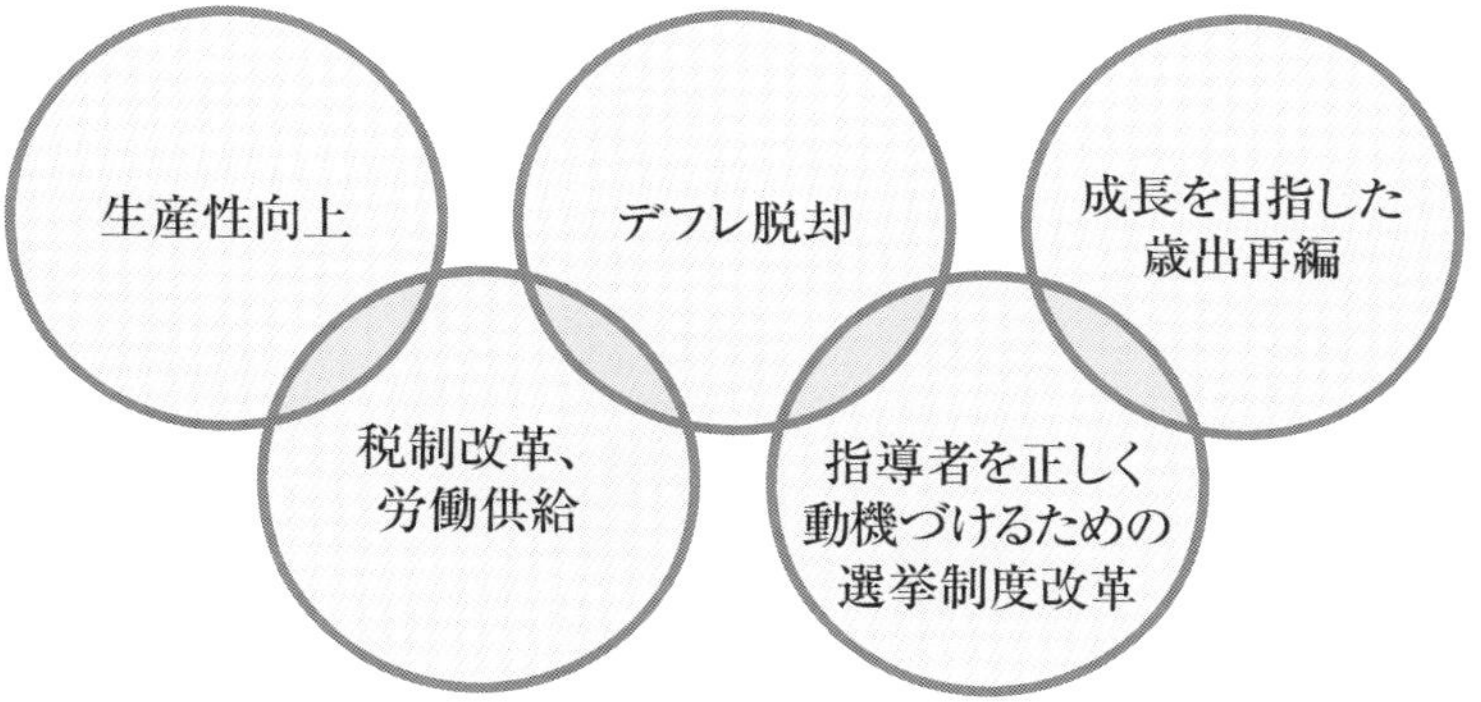

療のために教育及び研究開発を削れば、将来的はじり貧になります。

そして、税制改革です。消費税を二〇一五年から一〇%にするよりも、私は二・二・二という制度を提案したいと思います。つまり、消費税二割。所得税二割。法人税二割。基本は税率一律のフラットタックスです。所得の低い人たちは所得税を一割のままとし、年収三〇〇万など、一定以上の所得がある人はフラットで控除なしにする。そうすると税で頭を悩ませることもなくなり、税理士の能力をほかの分野で使えます。

また、日本の法人実効税率は四〇%程度ですが、これを二〇%まで下げる。そうすると日本で投資して日本で雇用するインセンティブが強まります。

最後は正しいことをやっても落選しない選挙制度を整える。先にお話しした一票の格差を是正することもその一つです。最近自民党が提案した衆議院のゼロ増五減案、自民党と民主党が合意した参議院の四増四減案はちっとも改善になりません。後者に関して、日経新聞の社説は「びほう策」、「国会は不明を恥じるべき」としています。

ここに書いた五輪は財政再建の課題を対象にしたものですが、民間の会社でも同じアプローチが必要です。部門によって、数字をつくることが最優先のところもあれば、新技術開発が最優先のところもありますが、個々の部署が各々の最優先事項のために最適化すると全体で非効率になったり、矛盾が出たりします。

組織の中で結合力を発揮する

組織で結合力を発揮するうえで、参考になる本があります。アメリカでＣＥＯや経営幹部のアドバイザーとして絶大な信頼を寄せられているラム・チャランとハネウエル・インターナショナルの元会長・ＣＥＯを務めたラリー・ボシディの共著、『経営は実行』という本です。原書のタイトルは『Execution』で、まさに「実行」です。

この本には「実行の三つのコア・プロセス」というものが紹介されています。一つは戦略プロセス。すなわち、「お金はどこにあるか、どうやって稼ぐか」ということ。もう一つは人材プロセス。戦略を考えたうえでの適材適所です。三つ目は業務プロセス。それぞれの人は何をすべきか、すべきことをちゃんとやっているかどうかのインセンティブを作り、施行をチェックすることです。この三つのプロセスがいかに結びついているかがビジネスの仕組みの本質であると述べられています。

著者たちは、「企業レベルの戦略は、事業部門の戦略を単に足し合わせたものであってはならない」と指摘しています。そして、戦略を現実的なものにするには、人材プロセスと連動させなければならないと説いています。ここで重要になってくるのが業務プロセスです。著者たちの言葉を引用してみましょう。「戦略プロセスは事業が目標とする行き先を決め、人材プロセスは事業をそこに持っていく人間を決める。そうした人たちに道筋を示すのが業務計画だ」。

つまり、この三つのプロセスは、三位一体として運用されることではじめて「実行」に至ることができるというわけです。

それだけ習得すれば全方面で効率が上がるとか、すぐに成果が出るような「スキル」はありません。スキルは部品にすぎないからです。それを①何のために②どのように組み合わせて使うのか、さらにいえば、足りない部品は何なのか、それをどうやって調達するかまでを考えることが「結合力」の本質なのです。

「私が読んできた本」「支えにしてきた言葉」

最後に、この本の「付録」として、私がこれまで仕事をしていくうえで、特に役に立ったと感じた本と、この本を読んでくださった方に贈りたい言葉をご紹介しましょう。

まずは本です。分野別に一覧にしましたので、そちらをご覧ください。

株式市場は政治や社会を映す鏡です。市場の動向を予測するためには、経済だけでなく世の中の全体の動きをつかむ必要があります。ですからここに挙げた本も経済学から文学まで、さまざまなジャンルをカバーしています。

一冊の本にどのような意味を見いだすかは、半分は著者側の、残りの半分は読者自身の問題です。読み方は自由ですが、みなさんがここに挙げた本のなかから、人生や仕事の糧になるものを学び取っていただければ嬉しく思います。

	解説
	国王が戦争ばかりしていた時代との対比を通じて、「資本主義は経済発展によって平和をもらたすか」という経済思想史のテーマを論じています。
	和訳は広松毅訳、坂本市朗訳などがあります。経済をモデルで考えるための入門書です。
	戦前の日本経済を単純な産業関連表モデルを使って分析した本です。理論モデルを実際問題に応用するのもこの本に影響を受けて始めたものです。
	フランク・ナイトは市場の役割について研究した経済学者で、「国民を統治者から守るのは市場である」と説いています。これは、1923年に書かれた有名なエッセイです。
	経済学者ケインズの伝記です。経済学者としてだけでなくビジネスマン、知識人としての側面を描いています。第1巻の「裏切られた期待」はもっとも印象深い内容でした。
	課題を解決するために何をすればいいのかを論じ、「問題にあったキーワードを開発する」「問題を簡単な図形にする」等のヒントを述べています。
	「行列」の教科書で、本格的な数学の本です。徹底して理解するなら、ここまでやらないといけない、という教訓を学びました。
	イラストを多くした一般向けの数学の本です。ボール＆スティックモデルはこの本からの引用です。
	第一次大戦でドイツ軍とイギリス軍の前線の兵士同士が、お互いに撃たないという暗黙の協定を結んでいたことがありました。そのケースのように「お互いに連絡を取っていないにもかかわらず、協力関係が生まれてくるのはなぜか」を考察した本です。ゲーム理論の傑作。和訳はありませんが、日本語では同じ著者で『つきあい方の科学―バクテリアから国際関係まで』松田裕之訳（ミネルヴァ書房、1998年）が出ています。
	いわゆる「孫子の兵法」として日本でも大変よく読まれている書物です。さまざまな解説本、訳本が出ています。私が社会問題を数字を使って分析するようになった原点とも言える本です。本書で紹介した「泉子の兵法」のレポートは、この「孫子の兵法」がベースになっています。
	暗殺されたロバート・ケネディが上院議員としてマフィアをはじめとする組織犯罪と闘った記録です。感動的な内容で、私はこの本から、熱意と粘りの大切さを学びました。日本でも1960年代に訳されていますが、いまは手に入れるのが難しいでしょう。興味のある方は原書で挑戦してみてください。
	人間は日々、決まった型でやりとりをし、一種のゲームを続けていると指摘した本です。そうしたゲームは男女関係からアルコール中毒まで社会全体で観察できます。自分の行動がゲームに陥っていないかどうか自省すべきだ、と著者は指摘しています。
	EQで有名になったゴールマンの本です。人が心の安定を守るために、目に見えているものの存在を否定するという現象について論じています。

ジャンル	書　名	著者、訳者／出版社／発行年	
経済学	『情念の政治経済学』	アルバート・O・ハーシュマン著、佐々木毅、旦祐介訳／法政大学出版局／1985年	
	『マクロ経済学』	ルーディガー・ドーンブッシュ、スタンレー・フィッシャー著／初版1977年	
	『戦前期の日本経済成長の分析』	中村隆英／岩波書店／1971年	
	『The Ethics of Competition』	Frank Knight ／ Transaction Publishers ／1997（初版1935年）	
	『ジョン・メイナード・ケインズ』	ロバート・スキデルスキー著、古屋隆訳／東洋経済新報社／1987年	
数学	『問題をどう解くか』	ウェン・A・ウィケルグレン著、矢野健太郎訳／秀潤社／1980年	
	『ラング線形代数学』	S・ラング著、芹沢正三訳／ダイヤモンド社／1971年	
	『Patterns in the Sand』	Terry Bossomaier, David Green ／ Perseus Books ／1998年	
政治学	『The Evolution of Cooperation』	Robert Axelrod ／ Perseus Books ／1985年（改訂版2006年）	
	『孫子の兵法』	孫子	
	『The Enemy Within』	Robert F. Kennedy ／ Da Capo Press ／1994年（初版1960年）	
心理学	『人生ゲーム入門』	エリック・バーン著、南博訳／河出書房新社／2000年（原書初版1967年）	
	『Vital Lies, Simple Truths』	Daniel Goleman ／ Simon and Schuster ／1985年	

	解　　説
	明確な目標、自己責任の徹底、報告の義務づけなど、管理職としても守るべきルールが簡潔に箇条書きされています。私もこの本に書かれた内容を実践して助けられたことが何度もありました。
	著者がインタビューしたCEOたちの話を集め、「よいボス」になるための格言集としてまとめた本です。これも仕事で何度もお世話になりました。
	企業の業務では戦略、人事、実行が絡み合っています。CEOの仕事は、この三分野を整合的に経営することである、と説いています。この本も実践的な内容です。
	1930年代のワシントン条約下での日本の国家戦略についての話です。英米が「植民地にされてしまう」という日本の恐怖心を理解しなかった結果、条約失効後に日本は一気に軍備を拡大し、戦争に至ってしまったと分析しています。
	軍事技術がどのように歴史を変えたかという本です。日本で戦争に使われるようになった火縄銃を例に取り、新技術があっても、それを採り入れるだけでは意味がなく、新しい技術が力を発揮するように自分の組織を変えなければ勝利できないと説いています。
	第二次大戦後の日本についての研究です。「日本政府は終戦以前にアメリカ軍向けの慰安婦組織を計画し、アメリカ側はそれを黙認した」「日本国憲法の原案はGHQのオリジナルではなく、日本人の草稿が基になっていた」など、戦後の日本を理解するために必読と言うべき内容が満載されています。
	文学作品は無数にありますが、私はジェーン・オースティンが好きです。本書は人間関係をきめ細かく描いており、男女の心理も双方の視点から描写しています。文章も美しいので、原書もぜひチャレンジしてみてください。
	自分が見ている事実と、本当に起きていることは必ずしも同じではない、いや、まったく違うかもしれない。夫婦でも親子でも、その立場によって見えているものが異なることを描いた大著です。
	いずれも本文の中で紹介しています。
	著者ガーフィールドは元NASAの研究者で、個人的経験を通じ、「使命」「目標」「フィードバック」「サポート」「報酬」など、最高のパフォーマンスを得るための要因を考察しています。私が「自分の人生はこれをもとにして考えよう」と思った本です。
	「富に至る道」というエッセイがとくにおすすめです。

ジャンル	書　名	著者、訳者／出版社／発行年	
経営学	『１分間マネジャー』	K・ブランチャード、S・ジョンソン著、小林 薫訳／ダイヤモンド社／1983 年	
	『上司の極意』	ジェフリー・フォックス 著、原田喜浩訳／光文社／2004 年	
	『経営 は「実行」』	ラリー・ボシディ、ラム・チャラン、チャールズ・バーク 著、高遠裕子訳／日本経済新聞社／2003 年	
歴史学	『Japan's Quest for Autonomy』	James Crowley ／ Princeton University Press ／1966 年	
	『戦争の世界史』	W・マクニール 著、高橋均訳／刀水書房／2002 年	
	『敗北を抱きしめて』	ジョン・ダワ ー著、三浦洋一、高杉忠明訳／岩波書店／2001 年	
文学	『説得』	ジェーン・オースティン 著、大島一彦訳／キネマ旬報社／2001 年	
	『重力の虹』	トマス・ピンチョン 著、越川芳明ほか訳／図書刊行会／1993 年	
ライフスキル	『The Elements of Style』	William Strunk, E. B. White ／ Coyote Canyon Press ／2007年(初版1959 年)	
	『ハーバード流交渉術』	ロジャー・フィッシャ ー、ウィリアム・ユーリー著、金山 宣夫、浅井 和子訳／三笠書房／1989年（原書初版1981 年)	
	『「超」整理法』	野口悠紀雄著／中公新書／1993 年	
	『ピーク・パフォーマンス』	チャールズ・A・ガーフィールド、ハル・ジー ナ・ベネット著、荒井貞光ほか訳／ベースボール・マガジン社／1988 年	
	『フランクリン自伝』	ベンジャミン・フランクリン著、松本慎一、西川正身訳／岩波書店／1981 年	

本書をお読みくださったあなたへ贈る言葉

〈自助努力、自己責任＝Self-Help〉

一つはスマイルズの言葉で、「天は、自ら助くるものを助く」。自助努力の大切さを述べています。これは実は日本の人が大好きな言葉です。結局、自分の人生の責任は自分でとらなければならない。若い頃の豊田佐吉（トヨタグループの創始者）がスマイルズの『自助論』（当時は『西国立志編』というタイトル）を寺子屋で読んで感動したそうです。スマイルズの言う自助の精神は、日本の文化の中にも生きているように思います。

〈不屈の精神＝Persistence〉

もう一つは第二〇代アメリカ大統領カルヴィン・クーリッジの言葉です。

「不屈の精神に代わるものはない。才能は不十分だ。才能があって失敗している人はありふれている。天分も不十分だ。天分が報われないことは諺になっているほどだ。学歴も不十分だ。世界は学歴の高いコジキでいっぱいだ。不屈の精神と決意だけが無敵なのだ」

クーリッジは地味で無口な人でした。数学が一番苦手な科目でした。それであえて大学で数学を専攻し、ピタゴラス定理の新しい証明を考えつきました。これこそ、「スキルは掛け算関係にあり、長所を伸ばすより短所を強化することが能力全体を向上させる」ことを示す、よい例だと思います。

〈創造力＝Connecting Things〉

スマイルズが自助努力、クーリッジが不屈の精神を代表する人間だとしたら、創造力を代表するのは、やはりスティーブ・ジョブスでしょう。彼には次の二つの名言があります。

「創造力はモノとモノを繋げることに過ぎない。創造力がある人に、どうやってそれを発明したかを聞くと、彼らはちょっとやましい気持ちになる。なぜなら、彼らは何かを〝やった〟わけではなく、何かが〝見えた〟だけだからだ。しばらく眺めていたら、ああ、そういうことか、と気づいた。彼らはこれまでの経験をつなげて、新しいものを合成できたというわけだ」

「我々の業界では、幅広い経験の人は少ない。経験の幅が狭いと結べる点が少なく、問題を広く見ることができない。よって、直線型の解決しか考えない。人間の経験が広くなればなるほど商品デザインがよくなる」

古代エジプトから現在のシリコン・バレーに至るまでの歴代の発明者は、おそらく彼の意見に賛成するでしょう。

著者略歴

Robert Alan Feldman
ロバート・アラン・フェルドマン

1953年生まれ。70年、交換留学生として初来日。

76年、イエール大学で経済学、日本研究の学士号を取得。

84年、マサチューセッツ工科大学で経済学博士号を取得。

国際通貨基金(IMF)、ソロモン・ブラザーズを経て、
98年、モルガン・スタンレー入社。(現・モルガン・スタンレーMUFG証券株式会社)

現在、チーフ・エコノミスト兼債券調査本部長。

著書に『日本の再起』(東洋経済新報社、2001年)、

『構造改革の先を読む』(同、2005年)、

『日本経済 起死回生のストーリー』(共著、PHPビジネス新書、2011年)などがある。

※本書は2008年刊行『一流アナリストの「7つ道具」』を
大幅に加筆修正したものです。

フェルドマン式知的生産術

発　行　2012年10月10日　第1刷発行
　　　　2014年 1 月12日　第4刷発行

著　者　ロバート・アラン・フェルドマン
発行者　長坂嘉昭
発行所　株式会社プレジデント社
　　　　〒102-8641　東京都千代田区平河町2-16-1
電　話　編集（03）3237-3732
　　　　販売（03）3237-3731
装　幀　MORNING GARDEN INC.
図版製作　ライヴ・アート
編　集　中嶋 愛
印刷・製本　中央精版印刷株式会社

ISBN978-4-8334-2024-2